# TRÊS DIÁLOGOS
entre
# HYLAS E PHILONOUS

Dados Internacionais de Catalogação na Publicação (CIP)
(Câmara Brasileira do Livro, SP, Brasil)

---

Berkeley, George, 1685-1753.
Três diálogos entre Hylas e Philonous / George
Berkeley ; tradução Gil Pinheiro ; introdução e
revisão da tradução José Carlos Orsi Morel. —
São Paulo : Ícone, 2005. — (Coleção fundamentos
de filosofia)

Título original: Three dialogues between Hylas
and Philonous.
Bibliografia.
ISBN 85-274-0832-5

1. Alma 2. Berkeley, George, 1685-1753 -
Crítica e interpretação 3. Idealismo inglês
I. Morel, José Carlos Orsi. II. Título.
III. Série.

05-5739                                                        CDD-192

---

Índices para catálogo sistemático:

1. Berkeley, George : Obras filosóficas    192
2. Filosofia inglesa       192

*George Berkeley*

# TRÊS DIÁLOGOS
## entre
# HYLAS E PHILONOUS

*Tradução*
Gil Pinheiro

*Introdução e Revisão da Tradução*
José Carlos Orsi Morel

Ícone
editora

© Copyright 2005.
Ícone Editora Ltda.

**Coleção Fundamentos de Filosofia**

**Título original**
Three Dialogues Between Hylas and Philonous

**Tradução**
Gil Pinheiro

**Introdução e Revisão da Tradução**
José Carlos Orsi Morel

**Diagramação**
Andréa Magalhães da Silva

**Revisão**
Rosa Maria Cury Cardoso

Proibida a reprodução total ou parcial desta obra,
de qualquer forma ou meio eletrônico, mecânico,
inclusive através de processos xerográficos,
sem permissão expressa do editor
(Lei nº 9.610/98).

Todos os direitos reservados pela
**ÍCONE EDITORA LTDA.**
Rua Anhanguera, 56 – 01135-000
Barra Funda – São Paulo – SP
Tel./Fax.: (11) 3392-7770
www.iconelivraria.com.br
e-mail: iconevendas@yahoo.com.br
editora@editoraicone.com.br

# TRÊS DIÁLOGOS
entre
## HYLAS E PHILONOUS

Que Servem Claramente para Demonstrar
a Realidade e a Perfeição do

## CONHECIMENTO HUMANO
A Natureza Imaterial da

## ALMA
E a Providência Imediata de uma

## DIVINDADE
Em Contraponto aos

## CÉTICOS E ATEUS

Servem também para iniciar um método
que torne a Ciência mais fácil, útil e resumida.

# Uma Introdução a
# GEORGE BERKELEY

*José Carlos Orsi* MOREL

I

O QUE O LEITOR DIRIA SE ALGUÉM lhe afirmasse – com a convicção profunda de ter conseguido uma sólida e irrefutável demonstração – *que o mundo exterior não existe*, ou melhor, que *só pode realmente existir aquilo que é percebido pelo sujeito de conhecimento*? Um incêndio em uma floresta, por exemplo, se ocorresse sem testemunhos, ou até mesmo a queda de um meteoro que causasse grandes estragos, mas que não fosse assistida por nenhum ser humano – como o que atingiu Tungushka na Sibéria no começo do século XX – não seriam *fatos*, não teriam existência. Pois bem, é este – trocado em miúdos – o principal alicerce do pensamento do filósofo que ora nos incumbe tratar.

A estranheza de tal proposição, não escapou sequer aos admiradores contemporâneos mais sinceros de George BERKELEY (1685-1753), Elizabeth Montaigu, por exemplo, em uma carta a Gilbert West e datada de 28 de janeiro de 1753 na qual nos faz um necrológio de nosso autor, afirma a respeito dos seus escritos filosóficos: "... *existem alguns deles demasiado sutis para serem objeto das cogitações da maior parte das pessoas. Ele viveu o duro destino de não convencer a ninguém e de não poder ser igualmente por ninguém refutado; um juízo acerca de seus trabalhos metafísicos deve ser deixado às inteligências superiores, pois não cai sob o domínio de nossos cinco sentidos...*"[1]. Se esta excentricidade filosófica hoje nos parece ser bem mais ingênua e bem menos solidamente alicerçada que aos seus contemporâneos, é inegável que o pensamento de Berkeley tem a sua importância – mesmo que controversa – em muitas questões atuais de Epistemologia, onde é considerado por vezes como um precursor de Ernst MACH e como pioneiro da Psicologia do Conhecimento.

A negação do mundo exterior enquanto aparência não é uma novidade em Filosofia: esta é até mesmo a conseqüência culminante de muitos sistemas idealistas. É bem conhecido o ápice do pensamento indiano, no sistema Vedanta, no qual o mundo exterior é assimilado a uma mera ilusão (o véu de Maia a encobrir a realidade fundamental do Pensamento) e igualmente bem conhecida é a refutação satírica desta postura pelo Conto do Rajá e do Guru, no qual o Rajá, depois de sólida e longamente doutrinado pelo Guru sobre a impossibilidade da existência do mundo exterior e sobre seu caráter ilusório e já algo aporrinhado, solta-lhe ao encalço, quando este no dia seguinte adentra as alamedas do palácio para continuar suas lições, um elefante ensandecido, fato este que faz com que o sábio apure-se nas canelas e corra a se pôr ao abrigo da besta arremetida. Mal refeito do susto, ele é instado pelo Rajá a explicar o porquê de sua fuga diante de uma mera aparência[2]!... O pensamento de Berkeley chegará a conclusões semelhantes trilhando as sendas do bom empirismo inglês. Debrucemo-nos pois sobre a vida, os tempos e as conexões filosóficas deste estranho pensador, para melhor poder situá-lo e compreendê-lo. Depois disto, o leitor nos permitirá que esgrimamos contra ele os argumentos de uma modesta refutação, certamente muito mais cortês do que a que o Rajá ergueu ao Guru.

---

[1] - Citação extraída do trabalho de G.N. Cantor: "Two Letters Relating to Berkeley´s Social Circle" in *Berkeley Newsletter* nº 4 pp.1-3 (1980).

[2] - O leitor interessado nesta discussão, bem como nas anedotas, poderá consultar o clássico de Heinrich ZIMMER, que citamos pela tradução espanhola publicada pela EUDEBA: *Filosofias de Índia* (Buenos Aires, 1963).

## II

George BERKELEY nascerá em 12 de março de 1685 em Dysert, condado de Kilkenny, na Irlanda, de uma família de ascendência inglesa e falecerá em 14 de janeiro de 1753 em Oxford, na Inglaterra. Sua vida, posta cronologicamente à cavaleira entre os séculos XVII e XVIII, será, como a de Leibniz, a vida de um homem de transição entre épocas filosóficas profundamente distintas, mas – postado entre gigantes como Locke e Newton por um lado e como Hume e Adam Smith por outro – ele terá, de maneira geral, um impacto menor no devir filosófico que lhe é contemporâneo. Ele é igualmente um homem da fronteira: inglês nascido na Irlanda e Anglicano entre Católicos, tem a sua primeira formação intelectual afastada dos grandes centros de Oxford, de Cambridge e de Londres[3], e, de certa forma, isolada das informações eruditas e dos modismos intelectuais contemporâneos; isto talvez explique o seu apego à ordem estabelecida e a relativa defasagem de sua formação científica que lhe permite esgrimir, como argumentos para o seu imaterialismo, proposições sobre a origem e a percepção do calor e da luz e sobre as estruturas geométricas, por exemplo, totalmente descompassadas com relação aos fatos demonstrados pela física newtoniana e galileiana e pela geometria analítica cartesiana. Como muitos outros irlandeses – entre os quais o escritor Jonathan SWIFT (1667-1745), seu compatriota, coetâneo e amigo – migra para Londres no início de sua vida adulta para melhor reverberar seus talentos, mas permanece fundamentalmente um estranho ao ambiente cosmopolita londrino.

Berkeley será educado no Trinity College em Dublin, onde é admitido em 1700 e aonde permanecerá até 1713; em 1707, aos 22 anos portanto, obterá o grau de *Master of Arts* nesta Universidade; toma então as ordens na Igreja Anglicana, e é nomeado professor no mesmo College, lecionando grego, hebraico e teologia. Durante seus anos universitários toma conhecimento das obras de Francis BACON (1561-1626), do químico Robert BOYLE (1627-1691), de Isaac NEWTON (1642-1717) e de Nicolas MALEBRANCHE (1638-1715), que será sua ponte para o conhecimento do cartesianismo. Em 1705 ajuda a fundar uma sociedade erudita cujo escopo seria o de prosseguir investigações sobre a "nova

---

[3] - Notemos que a Irlanda somente foi unida à Inglaterra – e mesmo assim precariamente – depois do reinado de Elizabeth I.

filosofia", no espírito das recentes "Academias" que vicejam então, na esteira das proposições de Bacon e Leibniz concernentes à universalização do saber. Precisamente entre 1702 e 1710, redige uma espécie de diário filosófico para uso pessoal – o *Commonplace Book* – que só verá a luz em 1871 – mas que nos mostra claramente seu espírito filosófico em formação: neste escrito vemos lançados trechos comentados de diversos autores, notas e pequenas dissertações sobre temas ontológicos e gnosiológicos, que germinarão em muitos de seus escritos posteriores, e programas de reflexão. Pela leitura deste escrito podemos nos convencer que poucos filósofos modernos foram mais precoces que ele na formação e consolidação da doutrina. Como veremos, Berkeley não considera seu sistema de idéias como "idealista", no sentido platônico, mas manterá que se trata de um sistema *imaterialista*, tentando denegar o estatuto de realidade a qualquer objeto do mundo exterior que não seja percebido por alguma forma de *espírito* ou *mente*, sistema este que pode ser resumido em uma breve fórmula: *ser é ser percebido (esse percipiti)*.

Em 1709 publica o seu primeiro livro: *An Essay Towards a New Theory of Vision* (Um Ensaio sobre uma Nova Teoria da Visão), que, em geral, é bem recebido e no ano seguinte vem a lume a primeira parte do seu *A Treatise Concerning the Principles of the Human Knowledge* (Um Tratado sobre os Princípios do Conhecimento Humano) que é ao mesmo tempo uma primeira apresentação de sua filosofia e um sumário das idéias que desenvolverá posteriormente com admirável constância e obstinação. No final de 1712 ele termina a redação dos *Três Diálogos entre Hylas e Phylonous* – a obra que o leitor agora tem em mãos – licencia-se da Universidade e em janeiro de 1713, aos 27 anos, parte para Londres; nesta cidade este livro é publicado em maio do mesmo ano. O objetivo expresso por Berkeley para esta viagem seria o de acompanhar de perto a impressão do livro, mas um estudo mais detalhado de sua biografia pode nos mostrar outros móveis: os *Diálogos* – sobre cuja análise nos deteremos mais adiante – são a sua tentativa de uma exposição popular de uma epistemologia simples, porém radical, escritos num esforço de ampliar a divulgação das idéias contidas no *Treatise* de 1712 e o fato de publicá-los em Londres parece estar ligado à intenção de chamar a atenção de um público maior sobre o seu pensamento, dado que o impacto de uma edição similar em Dublin sobre o público inglês teria sido suposto pequeno. Na sua justificativa ao pedido de licenciamento junto ao Trinity College, ele afirma que esta se deveria a vários motivos, entre os quais cita a recuperação de sua saúde (!) e a melhoria de sua erudição, além do acompanhamento da edição dos *Diálogos*, mas sua correspondência[4] nos mostra igualmente outros motivos igualmente ponderáveis: uma de suas primeiras providências ao chegar à capital é a de apresentar-se a Richard Steele, que tinha lido o *Treatise* e que queria conhecê-lo pessoalmente – as relações diretas de um clérigo inteligente e mais ou menos obscuro, com um escritor famoso e membro do Parlamento seriam muito importantes para o primeiro.

É Steele quem introduz Berkeley no círculo literário que então anima e que conta nesta ocasião com o célebre e polêmico autor d´*As Viagens de Gulliver*, Jonathan Swift, com Arbuthnot e Addison, entre outros; por este círculo, Berkeley conhece igualmente o poeta Alexander Pope de quem se tornará amigo íntimo pelo resto da vida. Através destes contatos, Berkeley começa a colaborar no *The Ladies Library*, uma iniciativa bem britânica – que deverá generalizar-se durante o século XIX – de se levar ao público feminino de poucas ou médias posses, uma seleção de livros populares sobre moral, religião e economia doméstica; data também desta época o início da colaboração de Berkeley no *The Guardian*, que tinha sido fundado por Steele, sob a curiosa remuneração de um guinéu[5] e um jantar a cada artigo escrito; durante esta sua colaboração no jornal, Berkeley enceta uma dura polêmica com Arthur Collins, um dos livres-pensadores mais em voga da época, entregando-nos assim uma das chaves para a compreensão de seu pensamento. Steele por esta época pretende igualmente organizar uma sociedade erudita que combine saraus de poesia, música, conferências e belas artes à qual ele dará o nome de *Censorium*; Berkeley – sua correspondência o demonstra – entusiasma-se e envolve-se profundamente com o projeto, animado pelas reminiscências de sua iniciativa de 1705 em Dublin. O Trinity College, entretanto, começa a inquietar-se com sua prolongada ausência e pressiona-o para que reassuma as suas funções docentes, coisa que está neste momento bem distante de seus planos. No final do verão de 1713, Steele divulga um violento panfleto sobre o problema de Dunkirk, que acarretará a sua expulsão do Parlamento; Berkeley, como sincero e visceral Tory que é e

---

[4] - A principal fonte para este período de sua vida é a correspondência com um seu amigo dublinense: Sir John Percival.

[5] - Um guinéu na Inglaterra do século XVII valia 21 xelins, ou seja, cerca de 0,85 libras: quase o salário semanal de um oficial carpinteiro, que oscilava – em Londres e Bristol – entre 20 xelins a uma libra, por volta de 1730.

que sempre será, vê-se na contingência de abandonar a colaboração no *The Guardian* no final desse ano. No começo de 1714, Swift o introduz na Corte e o ajuda a obter um posto de capelão na missão diplomática de Lord Peterborough à Sicília, que então se organizava; através dos seus contatos na Corte, Berkeley consegue uma licença real para abandonar seu posto docente em Dublin e, em outubro de 1714, como membro da referida missão, ele deixa Londres, o Reino Unido e os literatos para trás, embarcando na sua primeira aventura internacional. A vida de Berkeley entre os literatos, entretanto, e as longas e profundas relações pessoais que deste breve período ele extrai, deve nos tornar conscientes de que, para ele assim como para boa parte do século XVIII[6], os filósofos, antes de qualquer coisa, *são escritores* e os cuidados estilísticos com que ele cerca todas as suas obras nos dão um testemunho suplementar deste fato.

Berkeley viaja pela Europa entre 1714 e 1720, vivendo de seu posto na missão diplomática britânica. Ele percorre atentamente a Itália inteira, e aí lhe nascem os interesses pela arqueologia e pela geologia. Ele visita também a França – pela primeira vez em 1714 provavelmente – e trava conhecimento pessoal com Malebranche. Uma viagem à Espanha, embora não documentada, é bastante provável. Durante os seus deslocamentos, ele perde o manuscrito da segunda parte do seu *Treatise Concerning the Principles of the Human Knowledge*, que nunca mais se preocupará em reescrever. Em 1720, em uma curta estadia na França durante seu retorno à Inglaterra, redige, em Lyon, uma obra em latim, *De Motu*, na qual critica os princípios da filosofia da natureza newtoniana e a teoria dinâmica de Leibniz; obra que é publicada em Londres em 1721, logo após seu retorno ao país. Graças aos seus contatos na capital inglesa e aos serviços prestados durante a missão diplomática, ele consegue, em 1723, o posto de deão em Derry, na Irlanda. Ao retornar ao Reino Unido, Berkeley – aos 35 anos de idade – já é um homem e um pensador maduro: suas opiniões epistemológicas e políticas estão solidamente estabelecidas e quase não mudarão até o final de sua vida, o que lhe permitirá entre-mesclar, nas obras que futuramente publicará, polêmica e doutrina.

Nesta época igualmente, ele já conseguiu projetar-se no cenário cultural da nação, mantém sólidas amizades e vínculos políticos, que lhe permitirão uma carreira relativamente próspera e tranquila: uma bênção, na época, para quem não era dotado de muitos bens de raiz. Por volta de

---

[6] - Vide, por exemplo, os casos de Voltaire e de Rousseau.

1724, começa a meditar um projeto de instalação de uma Universidade nos domínios ingleses das Antilhas, escolhendo para sede as Bermudas: como já notamos acima, esta escolha pode se ter devido à influência de Steele. Na visão de Berkeley, tal Universidade deveria atender não apenas aos filhos dos colonos ingleses, mas deveria igualmente acolher índios e negros, que nela deveriam receber uma ampla educação e serem preparados para o ministério cristão entre os seus: um projeto bem pragmático, pois, e orientado com evidente preocupação pastoral e conservadora por um sacerdote zeloso. Berkeley consegue que uma lei seja aprovada no Parlamento, autorizando a iniciativa e concedendo fundos públicos ao projeto; entrementes ele lança uma subscrição privada para apoio à iniciativa, conseguindo assinantes até mesmo entre os membros da Casa Real e promessas de subsídios do ministro Robert Walpole. Em 1728, casa-se com Esther Vanhomrigh, que lhe aporta uma bela fortuna como dote e, recém casado, parte para Rhode Island, aonde pretende estabelecer uma fazenda para abastecimento da futura Universidade[7]; Berkeley permanecerá na América até 1731, lutando arduamente para que as verbas prometidas para o seu projeto fossem de fato liberadas; torna-se, entretanto, cada vez mais claro que o projeto nunca sairá do papel e Berkeley, bastante desiludido, retorna à Europa em 1732. Sua permanência na América será, não obstante, frutífera em termos intelectuais: ele tinha estabelecido moradia em Newport e de lá viajou muito pelas colônias inglesas que hoje constituem os estados do nordeste dos EUA, pesquisando sua história natural e os costumes dos moradores; na América igualmente conhece e estabelece correspondência com o primeiro reitor do King´s College de New York (que hoje é a Universidade de Colúmbia): Samuel Johnson, o fundador da crítica moderna, que por algum tempo interessou-se vivamente pelo pensamento de nosso autor, fazendo com que tal correspondência seja um importante instrumento de estudo do

---

[7] - Notemos que, desde a década de 1630, os holandeses tinham introduzido a cana de açúcar nas Antilhas: dado o exíguo território das ilhas, as terras nelas eram exclusivamente dedicadas ao cultivo deste produto e ao estabelecimento de engenhos e destilarias de rum. O abastecimento das ilhas em alimentos, animais de tiro e matérias-primas era efetuado principalmente pelas "colônias de povoamento" estabelecidas no domínio inglês norte-americano, acima da Virgínia e das Carolinas que, como sabemos, dedicavam-se à economia de *plantation* colonial, cultivando principalmente o algodão e o fumo. O estabelecimento de Berkeley em Rhode-Island, desta forma, entende-se por meio deste movimento econômico.

13

pensamento de Berkeley. Será igualmente na América do Norte que ele estudará pela primeira vez, com muito cuidado, os filósofos neoplatônicos Plotino e Proclo e tais leituras influenciarão consideravelmente as suas obras da maturidade. Desta estadia norte-americana, nosso autor extrai também o argumento de sua derradeira obra filosófica.

De volta ao Reino Unido, Berkeley residirá em Londres de 1732 até 1734 e aí escreve e publica, em 1732, um diálogo filosófico que ficará famoso: *Alciphron or the Minute Philosopher* (Alcifron, ou o Filósofo Miúdo), no qual retoma, reorganiza e amplia a sua polêmica – iniciada nos começos de sua carreira com os artigos do *The Guardian* – contra os livre-pensadores. É nesta cidade igualmente que são concebidos e vêm à luz *The Analyst* (1734), uma obra de polêmica contra o Cálculo das Fluxões de Newton, endereçada a um "matemático infiel" e, em 1735, *A Defence of Free-Thinking in Mathematics* (Uma Defesa do Livre-Pensamento em Matemática), obras nas quais ele pretende mostrar que os matemáticos, tão admirados por serem livre-pensadores, na verdade trabalhariam com conceitos que não resistem a um escrutínio mais detido e que, portanto, a confiança com a qual o público gratificava *estes modernos infiéis filomatemáticos*" seria completamente injustificada. Não é surpreendente pois que Berkeley, com tais credenciais e numa época de crescente conservadorismo, seja nomeado bispo de Cloyne, na Irlanda em 1734.

Sua diocese, situada em uma parte remota e pobre do país, é habitada principalmente por católicos. Berkeley, como bispo anglicano, desempenha seus deveres episcopais com vigor e humanidade. O lastimável estado social da Irlanda nesta época faz com que ele se envolva com questões de fundo econômico e administrativo, na tentativa de sanear o dramático quadro social com o qual se defronta: é desta época que data o *The Querist* (O Indagador), (1735-37), no qual ele propõe como saídas para o desemprego e a pobreza a realização de obras públicas e o investimento em educação; ele propõe igualmente, em 1737, a criação de um banco de fomento para a Irlanda, em uma carta aberta às autoridades monetárias. No exercício de seus deveres pastorais ele propugna por um acordo com os católicos, principalmente depois da revolta escocesa de 1745, que tinha por fim a reinstalação dos Stuarts no trono, produzindo então uma série de escritos políticos e religiosos que ainda hoje são interessantes para os estudiosos do problema das relações anglo-irlandesas: *Um Discurso contra a Licença e a Irreligião do Tempo Presente* (1737), *Carta aos Católicos Romanos da Diocese de Cloyne* (1745), *Uma Palavra aos*

14

*Prudentes* (1749) e *Máximas de Patriotismo* (1751). É ainda o miserável estado social da Irlanda desta época que o move a envolver-se com problemas relativos à saúde pública e às altas taxas de mortalidade causadas pelas doenças infecto-contagiosas. Durante sua estadia na América, Berkeley tinha observado o uso que os colonos faziam do alcatrão[8] e convenceu-se das virtudes medicinais e sanitárias das soluções de alcatrão vegetal em água, que ele recomenda quase que como uma panacéia. Destas convicções e de sua experiência norte-americana, é publicada, em 1744, a sua *A Chain of Philosophical Reflexions and Inquires concerning the Virtues of Tar-Water, and diverse other Subjects connected together and arising from one another* (Uma Cadeia de Reflexões Filosóficas a respeito das Virtudes da Água de Alcatrão e diversos outros Assuntos entre si Conexos e Decorrentes um do Outro), a obra terá uma segunda edição no mesmo ano, com o título compacto de *Siris*, com o qual será doravante conhecida. Este é um dos mais curiosos trabalhos de Berkeley, um tratado volumoso no qual ele parte de considerações bastante empíricas e pragmáticas acerca da preparação da água de alcatrão, de sua administração e posologia, bem como dos pretensos efeitos observados, mas que logo ascende para uma pesquisa das causas dos fenômenos físicos e dos méritos assim observados e, realmente encadeando raciocínios, fatos e erudição, Berkeley tenta mostrar que o maravilhoso efeito do preparado deve ser buscado, em última instância, na Atividade Divina, conclusão a que chega apoiado por fartas citações de Platão e dos neoplatônicos estudados na América, que lhe deu igualmente o conhecimento da panacéia! Este será o último trabalho filosófico original de Berkeley, no qual vemos finalmente o seu imaterialismo aproximar-se do idealismo platônico. Nos anos seguintes, ele se dedicará a organizar várias edições de seus escritos além de prosseguir com seus deveres episcopais; morrerá subitamente em Oxford, em janeiro de 1753, durante uma viagem oficial para tratar de negócios eclesiásticos.

---

[8] - Cumpre notar que este "alcatrão" utilizado nas colônias norte-americanas e tão estudado e louvado por Berkeley, **não é** aquele que será obtido, a partir do começo do século XIX com a destilação da hulha e mais tarde a partir da destilação do petróleo e que foi por muito tempo utilizado como desinfetante nos produtos à base de "creolina". Este alcatrão é aquele obtido ainda por processos tradicionais, a partir do tratamento e da destilação das resinas e do breu das coníferas, que eram então muito abundantes nas florestas temperadas norte-americanas. O próprio Berkeley se referirá a este produto, muito poeticamente, como sendo uma espécie de quintessência, uma sublimação dos sucos terrestres mesclados e apurados ao sutil fogo solar!...

A primeira edição padrão de suas obras, segundo os critérios técnicos e filológicos modernos, é a realizada por Alexander C. FRASER, em 1871[9]. Traduções para o francês, o italiano e o alemão, de seus principais trabalhos, tecnicamente bastante aceitáveis, igualmente existem.

## III

O pensamento filosófico goza sempre de autonomia, mesmo que esta seja por vezes relativa, e desta forma situar o pensador no seu momento histórico específico, longe de diminuir o alcance de sua obra, contribui sim para melhor compreendê-la e apreciá-la. Dito isto, esbocemos o quadro histórico e social, sob o qual viveu George Berkeley, antes de analisarmos o conteúdo de seu pensamento. Berkeley passa a adolescência no último lustro do século XVII e vive toda a sua vida adulta na primeira metade do século XVIII. Quando ele nasce a América já é conhecida dos europeus há quase dois séculos e, muito embora detendo a maior parte dos novos territórios, Espanha e Portugal – as grandes potências marítimas do século XVI – já estão decadentes, sendo sobrepujadas pela Holanda e pela Inglaterra no controle dos mares. A imprensa e a pólvora de canhão são tecnologias consolidadas por um intervalo de tempo igual ou maior e o impacto de sua aplicação nas guerras, nas obras públicas e na geração e transmissão da informação começam a ser claramente visíveis e politicamente ponderáveis. O vapor desponta como forma de energia revolucionária.

O século XVII é o século do Absolutismo, da consolidação do Protestantismo, da Contra-Reforma e do Mercantilismo; é também o século no qual os Estados Europeus modernos e seu sistema colonial consolidam-se, forçando um redesenho da política européia como um todo. Politicamente a Europa, apesar de Lepanto, ainda teme o Turco, que ameaçará

---

[9] - BERKELEY, George: *Works, including many of his writings hitherto unpublished, with prefaces and annotation, life and letters*, ed. by A.C. FRASER, 4 vol. Londres e Oxford (1871). Esta edição foi reimpressa muitas vezes. Em 1945 a Universidade da Califórnia empreendeu uma revisão deste trabalho que é quase uma nova edição, contendo alguns novos inéditos, um aparelho crítico bastante melhorado e novos ensaios introdutórios e biobibliográficos, além de copiosas notas de edição acrescentadas às de Fraser. Esta edição está disponível ao leitor na biblioteca do Dep. de Filosofia, da Faculdade de Filosofia, Letras e Ciências Humanas da USP.

as suas marcas danubianas até o final do século XVIII e que possuirá a integridade dos Bálcãs até a década de 1820. Na Rússia, entretanto, Ivã o Terrível consegue, com a conquista de Kazan em 1552, um alívio definitivo da pressão dos tártaros sobre as estepes russas; uma expansão para além do Volga e do Cáspio inicia-se, fato que consolidará o domínio russo sobre os Urais e possibilitará, durante todo o século XVII, uma expansão eslava, lenta e contínua, sobre a Sibéria. Este fato geopolítico terá sua importância em vários níveis: a estabilidade política da ordem russa sobre os Urais permitirá a sua colonização, a exploração de seus recursos naturais e um primeiro surto de industrialismo – sob a feroz batuta estatal – já em meados do século XVIII; o alívio da pressão tártara na sua retaguarda possibilitará à Rússia o exercício de um papel de potência regional, expulsando rapidamente a influência turca no Cáucaso – que logo se erguerá como marca russa e "ocidental" contra os otomanos – e por um papel ativo na política persa, que visa inicialmente tanto a hegemonia quanto manter as tribos tártaras sob forte pressão entre o martelo e a bigorna de dois estados centralizados, mas que, com o correr do tempo e na medida em que o poder inglês, no começo do século XVIII, se consolida na Índia, transformar-se-á em um problema político propriamente europeu: o germe da futura Questão do Oriente, que determinará no longo prazo a política britânica na Europa e os principais arcos de alianças e conflitos dela decorrentes.

O potencial de conflitos anglo-russo, tendo como pomo inevitável da discórdia a hegemonia britânica sobre a Índia e conseqüentemente sobre pontos e rotas estratégicos para a manutenção de tal domínio, repercutirá em problemas da política internacional aparentemente tão distantes e independentes como a subordinação econômica de Portugal à Grã-Bretanha através do Tratado de Meuthen, a rivalidade franco-britânica no Egito, a disputa anglo-francesa de influências nas relações espanholas, as relações diplomáticas inglesas com a Sublime Porta e o grande movimento de criação de consulados britânicos nas principais cidades otomanas do Maghreb e do Oriente durante o século XVIII, a disputa anglo-francesa pelas relações amigáveis com a Áustria, bem como a decretação do Bloqueio Continental contra Napoleão e o papel ativo da Grã - Bretanha na "costura" da Santa-Aliança à partir de 1815, em aparente contradição com os fundamentos "liberais" da política inglesa. Notemos, en passant, que esta "questão do oriente" ganhará muito mais peso no decorrer do século XIX, primeiro com o uso do vapor no transporte marítimo e depois com a escavação do canal de Suez; a descoberta de enormes jazidas de petróleo em Baku em 1872 acrescentará, sem trocadilhos, um novo e explosivo elemento a este problema que será um dos detonadores da I[a.] Guerra Mundial, e cujas repercussões podemos acompanhar até os dias de hoje. A consolidação da retaguarda russa possibilitou igualmente – durante os séculos XVII e XVIII – a sua expansão para Ocidente, contra seus tradicionais inimigos: os suecos e o Grão-ducado da Polônia-Lituânia. Um marco desta ofensiva é a fundação de Petrogrado (1703, iniciativa de Pedro o Grande) e a transferência da capital russa de Moscou para esta nova cidade aberta ao Báltico e às influências ocidentais. O plano urbanístico da nova capital não deixa dúvidas quanto às suas finalidades: a retificação do Neva e a drenagem de seus pântanos, a instalação de um poderoso arsenal na ilha de Kronstad, a criação de um porto-de-guerra junto ao porto comercial e a criação de uma Escola Militar em novos moldes, aliando o estudo das ciências físicas e das novas técnicas de engenharia às matérias mais tradicionais na formação de um oficial, nos mostram decididamente a vocação bélica e expansionista do empreendimento. De fato é isto o que acontece: a anexação da Finlândia e dos Estados Bálticos, a redução do poder militar e do território da Suécia (batalha de Poltova: 1709) e a destruição da Polônia independente[10] são marcas nítidas desta expansão. Sob o tsar Paulo III, no último quartel do século XVIII, até mesmo a Prússia está ameaçada pelo expansionismo russo e Kant, tão candidamente aninhado na sua Köenigsberg natal, de onde revolucionaria o pensar filosófico, por pouco escapou de ser o fundador da filosofia russa, ao invés de ser um dos monumentos da moderna filosofia alemã: foi um ato de cortesia do tsar que devolveu a cidade e a boa parte da Prússia Oriental à casa de Brandemburgo e uma das primeiras atividades acadêmicas de Kant é um curso de Física dirigido "aos Srs. Oficiais russos, destacados para esta cidade".

O expansionismo ocidental dos russos gera outra conseqüência importante: a destruição de qualquer outro poder eslavo autônomo na Eu-

---

[10] - Uma olhadela ao mapa nos mostra a rapidez desta expansão russa sobre a Polônia: anexação da Livônia entre 1629-60, dos distritos de Kiev, Smolensk e Tchernigov em 1667, consolidação da fronteira do Dniepr e conquista dos territórios meridionais polacos até a fronteira da Criméia em 1699. Notemos igualmente que as cobiças alemãs e austríacas sobre as fronteiras ocidentais da Polônia, contribuíram em muito para as mãos livres de Pedro o Grande, preparando de certa forma a grande partilha do território polonês e lituano de 1763-68.

ropa: os eslavos do sul permanecerão sob jugo otomano até o final da I[a.] Guerra Mundial, assim como boa parte dos romenos; as minorias romenas da Bessarábia, os ucranianos e uma boa parte dos polacos serão gradualmente absorvidos no Império russo e submetidos a uma dura política de russificação; os tchecos e eslovacos, sob a comum denominação de boêmios, os rutênios e uma parte dos polacos serão absorvidos na grande massa multinacional do Império Austro-Húngaro, com a conseqüente tentativa de germanificação, e a "questão eslava" nascida desta forma da "questão do oriente", autonomizar-se-á com o correr do tempo, tornando-se igualmente um fator de conflito na política européia até bem avançado o século XX.

Lancemos agora um olhar sobre as questões materiais. A demografia é um ponto notável, apesar da incerteza dos números. A população européia, e a inglesa em particular, que vinha crescendo modestamente desde o ano 1000, acelera tal crescimento em finais do século XII e, depois de ter sido brutalmente segada pelo episódio da Peste Negra na década de 1350, retoma rapidamente sua taxa de expansão. Vemos desta forma que apesar do grande desastre da peste, dois séculos e meio depois do evento a população já tinha recuperado o tamanho de antes da catástrofe e continuava crescendo. A população européia em geral segue a mesma evolução: é este acréscimo que possibilita a colonização do Novo Mundo e da Sibéria, não obstante as perdas das guerras, tornadas mais mortíferas com a pólvora, os naufrágios, as epidemias como a sífilis, etc.

Mais gente, em uma economia que depende fortemente da mão-de-obra quer dizer maior capacidade de trabalho e, ao mesmo tempo, depreciação de salários individuais. Tanto na Inglaterra quanto na França, observamos nestes séculos a extinção da escravidão e uma grande redução das obrigações servis, aparecendo a figura do diarista assalariado, isto pela razão básica de que pagar salários se torna mais barato que manter um servo ligado à terra. Na tabela acima vemos a evolução desta situação na Inglaterra: em menos de cento e cinqüenta anos (entre 1450 e 1590) o valor da cesta de bens e serviços básicos *triplica* e o poder de compra do salário de um operário especializado *reduz-se pela metade*. Em meados do século XIV um operário especializado inglês poderia manter sua família com o que ganhava sozinho, em 1590, a família teria que trabalhar muito mais para manter o padrão de vida, ou simplesmente cair na miséria: eis aí a origem das famosas *cottage industries* inglesas. É claro que a grande injeção de metálico proveniente do Novo Mundo contribuiu para inflacionar os preços, mas isto não explica tudo; alguma coisa de novo está acontecendo nos campos europeus, principalmente na Inglaterra e na França: a economia de apropriação de excedentes do feudalismo clássico começa a ceder passo para uma economia de produção para o mercado, alterando os perfis de produção; as técnicas tradicionais de cultura e gestão nos campos são rapidamente substituídas: na França os vinhedos de exportação dominam a paisagem, na Inglaterra serão os rebanhos de carneiros que expulsarão a agricultura, visando produzir lã para a florescente indústria de fiação e tecelagem; na América, este modelo irá ser adotado, com a cana-de-açúcar, o tabaco e o algodão e mão-de-obra escrava, assim como já vinha sendo ensaiado na Ilha da Madeira no fim do século XV. Na Inglaterra estima-se que nos finais do século XVI e no começo do XVII existiam três carneiros para cada ser humano no campo, fato este que chegou até mesmo a alarmar a Coroa, por causa dos imensos vazios agrários que causava e do acréscimo dos problemas urbanos. Do ponto de vista do Estado, campos vazios eram um convite à conquista inimiga e, muito embora reconhecendo os benefícios dos negócios da lã, os governantes lutavam para que o campo não fosse abandonado. É esta situação agrária igualmente que nos indica a importância dos setores radicais da Revolução Inglesa; a *Gente Turbulenta e Sediciosa*, no dizer de um cronista da época, que tinha ambições sociais niveladoras e que não gostava muito de pastores e padres, preferindo ela mesma ler a Bíblia e tirar as suas próprias conclusões, são um dos aspectos mais interessantes da época[11]. Este quadro é igualmente útil para que compreendamos o movimento migratório inglês para a América do Norte, sob condições muitas vezes desumanas[12].

Já mencionamos brevemente os fatores demográficos e a economia agrícola. De um ponto de vista mais abstrato e geral pode-se dizer que o surgimento do Estado Moderno representa, no plano ideológico, um rompimento com o universalismo teológico-político característico da Idade Média, universalismo este caracterizado pelo binômio Igreja-Império como

---

[11] - Ver, por exemplo Christopher HILL *Those Turbulent and Seditious People*, 2ª ed. Cambridge CUP, 1987, v.t. do mesmo autor *O Mundo Virado de Cabeça para Baixo* (trad. bras.) São Paulo, Cia das Letras (1987).

[12] - Há registros históricos, desde o começo do século XVII, de contratos de emigração para as Antilhas e a Virgínia, nos quais, pelo preço da passagem e da manutenção inicial, o imigrante se obriga a *trabalhar de três a cinco anos de graça para o fazendeiro que lhe adiantou o capital.*

representantes das duas facetas integradas de um mesmo poder político: a sagrada e a laica. O Império como unidade máxima, como absoluto político é uma herança que a Idade Média absorve da última organização política dos romanos; a cristianização do Império injeta neste ideal ingredientes novos provenientes do fundo teológico judaico-cristão: o conceito de providência e a idéia de eleição divina. Ao que parece, é Agostinho de Hippona o primeiro que, já no século V, une estes conceitos político e teológico na célebre obra *A Cidade de Deus*. Para a patrística cristã, influenciada pelo cristianismo paulino, pelo neoplatonismo e pela legenda da monarquia religiosa dos antigos judeus, o poder passa a ser sagrado[13]: todo o poder emana de Deus, o bom cristão deve ser igualmente um bom súdito e o monarca e suas criaturas são os representantes visíveis da Autoridade Divina sobre a Terra; a conversão do Império ao cristianismo e sua imensa duração são, no ponto de vista agostiniano, fatos providenciais destinados a garantir a expansão universal da "verdadeira religião". Este ponto de vista, alicerçado na antiga jurisprudência romana, em uma particular exegese de alguns textos bíblicos e no uso político do rito antigo da unção do monarca pelo sacerdote, tal como narrado na história de Davi, construirá o arcabouço ideológico das teorias políticas na Europa por mil anos.

Para os bizantinos a idéia de império continuará sendo um cesaropapismo que essencialmente, sob as vestes do imperador cristão, não muda muito o antigo magistrado romano. O Imperador governará a Igreja através dos patriarcas, como governa as províncias através dos governadores e o exército pelos generais. No Ocidente, o Sacro-Império-Romano-Germânico, surgido das maquinações entre o Papa e o prefeito do palácio merovíngio, desejoso de ascender a um posto mais condigno de sua importância política, acabará gerando, ao contrário, a estrutura social feudal. Será o feudalismo – com sua tendência ao isolamento e à autarquia – quem dissolverá o Império no Ocidente, não sem aproveitar-se das suas

---

[13] - Não nos iludamos com a suposta "idolatria ao Imperador" alardeada pelos autores cristãos: o Império era uma magistratura pública no Direito Romano, e o Imperador, embora detivesse um dos poderes mais absolutos que a história conhece, nem por isso deixava de ser um magistrado, o supremo representante da República Romana, portador por delegação da soberania do povo romano. A dificuldade de implantação de um sistema dinástico no Império, ao contrário da facilidade com que era herdada e partilhada a coroa dos Reinos Bárbaros, aponta para tal diferença: o estatuto imperial não era considerado o patrimônio especial de uma família realenga e a dignidade a ele associada não era um bem de família partilhável por herança, mas sim um patrimônio público.

inovações: a melhor organização dos domínios rurais, por exemplo vai possibilitar um modesto aumento na produtividade agrícola, que terá efeito demográfico e possibilitará, no final do século XII a expansão da Europa, no movimento das Cruzadas[14].

Na Inglaterra, as coisas se passam de maneira um tanto diferente: invadida por bárbaros pagãos em meados do século V, que ocupam a metade do território da antiga *Britannia* romana, a ilha será sede de um poderoso movimento de evangelização comandado pelos *irlandeses*. Os anglo-saxões convertidos tornam-se por sua vez apóstolos de outros povos germânicos, como os próprios saxões continentais, os bávaros e os abroditas. As primeiras sés no centro e no sul da Alemanha devem-se paradoxalmente aos bispos saxões e aos monges irlandeses e não aos francos. Este movimento liga o país muito cedo à Roma e ao Papado. O cristianismo ascético dos bretões é praticamente imune às disputas teológicas e a supremacia romana é facilmente aceita. O processo de concentração política é, grosso modo, paralelo aos avanços do cristianismo e graças à sua posição excêntrica no contexto europeu, bem como suas ligações diretas com Roma, a Inglaterra desenvolver-se-á independentemente dos francos e do Continente até a Conquista Normanda em 1066. Nos tempos de Carlos Magno, o rei Offa de Mércia, conseguindo unificar brevemente o domínio anglo-saxão, denomina-se *Imperator Anglorum*, e mantém boas relações com o continente, conservando a sua independência. Pode-se assim dizer que o desenvolvimento da Inglaterra anglo-saxã se dá de uma maneira relativamente externa ao conceito de Império e à idéia da sacralidade do poder, embora o poder mantenha sua vocação concentracionista: seus governantes, embora cristãos e algo carolas, manterão uma relativa autonomia entre o poder civil e o eclesiástico, mantendo as antigas assembléias de homens livres – os *thanes* – como órgão consultivo da monarquia. As coisas começam a se complicar a partir do início da invasão dos vikings dinamarqueses no começo do século IX. Os vikings apoderar-se-ão de uma parte ponderável da Inglaterra e detonarão dois séculos de guerra nos quais o poder tradicional é fortemente desafiado, a ponto de

---

[14] - Ver, por exemplo, as obras do historiador econômico Georges DUBY: *L'Economie Rurale et la Vie des Campagnes dans l'Occident Medieval*, 2 V., Paris, Aubier (1962); *L'An Mil* e *Guerriers et Paysans*, estas duas últimas obras publicadas nas décadas de 1960 e 1970, citadas segundo a edição definitiva de suas obra, sob o título de *Féodalité*, Paris, Gallimard, (2000). De todas elas existem traduções para o português ou para o espanhol.

quase desaparecer. A reação indígena vence, entretanto, após muita luta, mas o país está extenuado, de modo que o rei Harold, o último soberano anglo-saxão, é derrotado em Hastings em 1066 e a nova ordem francesa, sob as bênçãos do Papa, apossa-se do poder do outro lado da Mancha. A conquista normanda da Inglaterra instaura aí o feudalismo e vincula estreitamente a história deste país à história da França durante a Baixa Idade Média, justamente no período em que vemos formarem-se os Estados Nacionais. Um aspecto importante desta transformação é a concentração fundiária: as "terras nobres" passam de dez mil titulares para apenas três mil depois da conquista e as terras comuns são em toda a parte diminuídas e incorporadas aos feudos nobres, despossuindo boa parte da antiga nobreza angla e fazendo com que muitos lavradores livres caíssem na condição servil: os franceses trouxeram o latifúndio à Inglaterra.

Enquanto isto, no Continente, a idéia de um Império continua a agitar as cabeças, principalmente na Itália e na Alemanha, onde a sustentação do Sacro Império, pela ação muitas vezes oposta, mas estranhamente sinérgica do Papa e do Imperador tinha evitado a formação de monarquias feudais locais. A longa disputa entre guelfos e gibelinos nada mais é que um episódio desta evolução. O Império Carolíngio, não sobrevive aos netos de seu fundador: ao tempo de Henrique o Passarinheiro a primeira dinastia está extinta e o Império possui alguma realidade apenas a leste do Reno e em algumas cidades italianas. A ampliação do feudalismo, por sua vez, feita às custas do patrimônio imperial, fazia com que os recursos próprios do Imperador reduzissem-se às cada vez mais escassas terras imperiais e aos rendimentos dos seus feudos familiares. Na Alemanha principalmente, o poder começou a ser compartilhado com os bispos de várias cidades importantes e outros senhores feudais, que desta forma conseguiam imensos privilégios e foram criados – como outros nobres do círculo palaciano – Eleitores, isto é, tinham a responsabilidade de indicar *interna corporis* o Imperador em caso de vacância no cargo, conduzindo assim o Império para a oligarquia. Na França, os Capetos, de início mui modestamente, tentam organizar uma monarquia sobre a base feudal, concentrando-se sobre seus domínios da Ilha-de-França e avançando timidamente. De qualquer forma tanto o rei quanto o Imperador, pouco podiam sem a boa vontade de seus súditos. A situação parece inverter-se: originalmente o feudo e a vassalagem tinham sido instituídos, em teoria ao menos, para que um homem fraco e sua família encontrassem proteção e abrigo junto a um grande; seus bens eram dissolvidos nos bens do senhor e ele adquiria, em geral a título precário, alguma terra ou benefício do qual poderia extrair o seu sustento. Os vassalos eram obrigados a concorrer para a defesa do território comum, mantendo-se em armas, ou cotizando-se para manter um certo número de homens de armas. A extensão do feudalismo fez com que os domínios imperiais e reais, que podem ser associados com as rendas do Estado, diminuíssem cada vez mais, complicando desta forma a gestão dos serviços públicos; igualmente, a cessão indiscriminada de privilégios, fazia com que certos feudos, mormente os da Igreja, fossem imunes aos impostos e à justiça real, fugindo da órbita da coisa pública. Os exércitos de um país somente podiam ser reunidos depois de laboriosas negociações entre o rei ou o Imperador, e seus principais vassalos nunca possuíam um caráter permanente, sendo muito comuns as batalhas perdidas por defecção ou traição de uma parcela do exército. De qualquer forma, o papel simbólico de um governo universal no pensamento da Idade Média não pode ser desprezado: o pensamento político de Dante[15], por exemplo, é testemunha viva disto.

Neste autor vemos o mito da unidade do poder erguido a uma altura poética: O Papa, e o Imperador a ele subordinados, são os construtores da ordem sobre a Terra; assim como o Universo é composto de Céu, Purgatório, Terra e Inferno e hierarquizados pela ordem de bondade, cabe ao homem realizar a ordem divina sobre a terra, através de uma organização social na qual o mal seja reprimido aos subterrâneos e que possibilite ao homem o acesso à luz da verdade. A obra e o pensamento de Dante são organizados como uma catedral gótica: sua defesa de uma ordem imperial e teocrática universal vai de encontro tanto à autonomia crescente das comunas que se desenvolve sob a ordem feudal, quanto às tentativas de se formar novas estruturas de poder, visando o estabelecimento de unidades de domínio relativamente autônomas em territórios mais ou menos amplos sob argumentos lingüísticos, geográficos e culturais, em clara ruptura com o universalismo. A crítica dos principados territoriais, assim, precede a primeira formulação de sua teoria por Maquiavel por quase três séculos. O pensamento de Dante e o tomismo, matizados ou não, serão o ponto de partida de todo um pensamento clerical que, na Idade Moderna, tentará se opor às novidades abomináveis do poder polí-

---

[15] - Ver, deste autor, o seu *De Monarchia*, principalmente. Reflexões políticas entremesclam-se contudo aos pensamentos religiosos e estéticos, tanto n´*A Divina Comedia* quanto na *Vita Nuova*.

24

tico separado do poder sagrado e da livre investigação filosófica e científica. Ouviremos ecos disto no próprio pensamento de Berkeley.

Berkeley, entretanto, é um conservador e não um reacionário e vive nas vésperas da Idade Contemporânea e não na Baixa Idade Média e, muito embora as tradições filosóficas possam ter longo fôlego, ele não reproduz exatamente o pensamento teológico-político escolástico. Ao seu tempo o estado nacional já se tinha consolidado em escala européia através de duas ferramentas de importância fundamental: o Mercantilismo e o Absolutismo. Não podemos aqui nos deter no primeiro, mas discutiremos o segundo no seu contexto. Jamais houve, no pensamento europeu, século que tivesse menor confiança nas forças espontâneas da natureza humana abandonada a si mesma, que o século XVII: aonde poderemos encontrar retrato mais miserável do homem natural, entregue sem regras ao conflito das paixões, que nos moralistas e políticos seiscentistas? Neste ponto o pragmático Hobbes concorda com o moralista La Rochefoucault e este com o jansenista Nicole. Para Hobbes principalmente, os sinistros animais de rapina que são os homens, só podem ser vencidos por um soberano absoluto e os jansenistas confiam muito pouco num homem entregue pelo pecado à concupiscência. O século XVII é tanto o século da Contra-Reforma, quanto o do Absolutismo Real mesmo nos países protestantes. A Contra-Reforma, além de lutar contra o Protestantismo, põe fim ao paganismo da Renascença, através de um catolicismo que vê como tarefa fundamental a difusão dos procedimentos de direção das inteligências e das almas, para fugir da danação e da impiedade dos tempos; desta forma a Sociedade de Jesus fornece não apenas educadores, mas também missionários e diretores espirituais que se imiscuirão em todos os setores da atividade humana e em todas as classes da sociedade. O tomismo, na forma adotada pelo jesuíta Suarez, torna-se a forma-padrão de filosofia por eles ensinada nas escolas e Universidades e contribuirá em muito para fossilizar esta disciplina nos currículos acadêmicos, até bem entrado o século XIX. O fato paradoxal é que esta filosofia reacionária acabe encontrando espaço e até mesmo suplantando a doutrina do humanista reformado Melanchton *mesmo nos países protestantes*. Seria interessante perguntar-se o porquê deste sucesso, contra pensamentos muito mais abertos de um Erasmo ou de um Oecolampade; a razão ao nosso ver consiste na *profunda reação clerical* que empalma ambos os lados da polêmica religiosa, desde finais do século XVI. O jesuitismo é um movimento que vem de Roma e que nasce de um general castelhano, mata-mouros convertido às ordens monásticas; seu sucesso deve-se em grande parte às iniciativas particulares de zelotes e à chicana e à chantagem. Mas aos reformados não faltam também seus "jesuítas", os construtores de uma nova ordem teológico-política de base fortemente clerical[16] e tendente ao controle e à uniformização não apenas do comportamento religioso, mas também do comportamento social das suas ovelhas. É bastante conhecida a reação de Lutero contra os camponeses, que, em nome de estabelecer o Reino do Espírito Santo sobre a Terra, invadiam castelos e queimavam cartórios de títulos: ele os condena à perseguição e à morte. A perseguição aos hereges de Münzer, embora chefiada por um bispo católico, se fez com o beneplácito e com a vista grossa de muitos senhores protestantes das vizinhanças, insatisfeitos com os rumos que as coisas estavam tomando e muito contentes que um outro que não eles viesse varrer os excrementos!... O próprio Calvino, não deixou de acender as suas fogueiras antipapistas e os anabatistas terminaram literalmente caçados pelos protestantes. O direito à rebelião e à desobediência civil, que Calvino desenvolve tão belamente contra os senhores que não concedem liberdade de culto aos seus súditos antipapistas – argumentando que a Bíblia veda que se preste obediência aos tiranos – é convenientemente esquecido quando as querelas políticas batem à porta dos amigos!... Alguns historiadores referem-se a fenômenos semelhantes, como sendo fenômenos de *máximo religioso*: em certo momento das sociedades ocidentais a forte necessidade de separar-se do Outro, para construir uma Unidade (seja este *outro* quem for: judeu, protestante, hereje, papista ou bruxa), faz com que a unanimidade adquira um valor social sagrado; atentar contra ela, mesmo indiretamente através da tolerância, significa atentar contra a unidade nacional tão dura e dificilmente conseguida[17]. E isto faz com que as perseguições sejam tão comuns e tão semelhantes no século XVII,

---

[16] - Uma polêmica muito precoce nas hostes protestantes refere-se à necessidade de se ordenar sacerdotes: os radicais do movimento consideravam que a Bíblia poderia abrir-se a qualquer um em virtude da fé, sendo pois supérfluo o clero. A visão mais ortodoxa do protestantismo, afirmará a necessidade da preparação dos futuros pastores nas Faculdades de Teologia das Universidades, formando assim uma casta de acesso privilegiado aos textos sagrados. No luteranismo, no anglicanismo e nas seitas protestantes mais tradicionais esta última visão predominará, sendo contraditada – e mesmo assim relativamente – no pentecostalismo.

[17] - Ver, a tal respeito a interessante obra de Luis Suarez FERNANDEZ: *Les Juifs Espagnols au Moyen Age* (Paris, Gallimard, 1983).

seja pela Inquisição Espanhola, seja sob os Stuarts ou Luís XIV, seja sob a férula de Cromwell.

Ao contrário da Alemanha fracionada, a realeza é anglicana na Inglaterra e na França galicana, sendo que com isso queremos dizer que em ambos países os reis consideram a religião mais como um negócio de Estado do que como um tema transcendental ou metafísico e que sempre tentem regular as questões eclesiásticas em seu país de acordo com os interesses mais amplos da política interna. Isto acontece de forma mais ou menos natural na Inglaterra sob Henrique VIII, que romperá com Roma, mas manterá na Igreja Anglicana muitos resquícios do culto e da organização romanos; o rei será considerado pelo Parlamento como o Chefe da Igreja Anglicana e, à moda dos imperadores bizantinos, nomeia o primaz da Inglaterra, o Arcebispo de Canterbury, como o chefe em exercício para questões cultuais e teológicas. Henrique guardará, entretanto, ciosamente seus direitos de governo administrativo e econômico da instituição. Na França é interessante ver-se o Rei, ao contrário de seus pares de Espanha e Portugal, resistir fortemente à instalação da Inquisição e do Santo Ofício em seu país; não por liberalismo, pois as façanhas de Luis XIV logo nos impediriam disto pensar, mas sim para preservar a *autonomia do Estado* contra a *intrusão da Igreja*. O Rei pode abater huguenotes vestidos de pardais em seu jardim de Versalhes, mas nunca consentirá em queimá-los de público em Paris, sob a batuta do Santo Ofício: não estamos mais na Idade Média e o Estado tem suas razões que não coincidem diretamente com as razões religiosas; é necessário, antes de mais nada, *manter-se a soberania e a ordem* em determinado território e, para tanto, padres podem ser tão incômodos como hereges como o caso espanhol logo virá a confirmar. O poder real pode não recuar diante de meios violentos para assegurar a unidade religiosa, mas em certo sentido, uma vez esta estabelecida, *tanto faz qual seja*, trata-se de se estabelecer *uma* regra rapidamente e não de se ficar disputando indefinidamente sobre elas.

Note-se que estas exigências políticas acabam querelando muitas vezes o Clero e o Rei, ou a *razão de Estado e a exigência religiosa*, seja na ordem católica ou na protestante. É muito cedo ainda para que o poder político declare-se pura e simplesmente *ateu* ou *agnóstico* como a nova racionalidade política do Estado o exige, mas as peias religiosas estorvam a coisa pública em quase todos os cantos da Europa. Na França, temos como exemplo claro a difícil *enténte* entre católicos e hungenotes até a

27

revogação do Édito de Nantes. O novo clero nascido da Reforma – tanto o luterano ou o anglicano, quanto os jesuítas ou o clero que sai das reformas implantadas no Concílio de Trento – está longe de conceber qualquer idéia de tolerância religiosa, lutando antes pela maior homogeneidade possível. Se o consenso social em matéria religiosa está longe de ser alcançado, como é o caso da França, de regiões do Flandres, da Alemanha e da Inglaterra, o poder civil vê-se em uma situação extremamente difícil: impor a homogeneidade implicaria em alienar uma parcela ponderável dos súditos e praticar a tolerância significaria expor-se às diatribes, chicanas e ardis dos clérigos!..

O Absolutismo do rei, não é desta forma o poder ou o despotismo de um indivíduo forte que lá chegou por perícia pessoal ou por meios violentos; não é uma licença desregrada de quem detém baraço e cutelo e que consegue, pela força ou pela astúcia, impelir os súditos à obediência; o Absolutismo seiscentista, ao contrário, é uma função social que é independente da pessoa que a exerce e que persiste, nas mãos de ministros todo-poderosos, mesmo durante longas menoridades: esta função social de origem divina e de ação prática impõe muito mais deveres que direitos[18]: o rei é absoluto, mas é também o primeiro a estar submetido à sua tarefa pela própria escolha de Deus: estamos muito longe do tirano da Renascença e de Maquiavel, e infinitamente distantes da monarquia feudal.

O século XVII articula-se, pois, em torno de disciplinas religiosas e políticas, que são duras, admitidas e consentidas, cuja necessidade – no plano ideológico ao menos – está tão bem compreendida quanto os seus benefícios: fora delas está apenas o caos da natureza. O cerimonial nos guia na Corte, assim como o ritual na Igreja. Esta rígida disciplina é vista por muitos como uma estrutura que impede a obra humana de esboroar. Leibniz, no final deste século, extrairá destes postulados de ordem um otimismo e se posicionará mais liberalmente em termos políticos: vivemos no melhor dos mundos possíveis, o melhor construído, o melhor organizado!.. A ordem absolutista não reina, entretanto, inconteste. Na Inglaterra ela se choca por duas vezes com a vontade comum e sucumbe; a França, mais estável, estabelecerá sua unidade religiosa ao custo de longas perseguições e de quase uma guerra civil, mas mesmo assim o reinado de

---

[18] - Basta, para que se convença disso, que o leitor se debruce em qualquer das minuciosas descrições dos cerimoniais aos quais estavam submetidas as vidas cotidianas de um Luis XIV ou de um Jaime II.

Luís XIV nunca será totalmente pacífico. Na Holanda, uma emigração ruidosa de protestantes franceses, judeus portugueses e espanhóis, socinianos poloneses e outros hereges, não deixará nunca de farpear o Absolutismo com panfletos e denúncias e, por vezes, algumas ações mais práticas. Mesmo internamente, na França, os jansenistas – católicos e rigorosos – fazem o seu contraponto à doutrina jesuítica e opõem-se, na medida do possível aos avanços autoritários de Roma ou de Versalhes. Por trás destes e de tantos outros fatos começa a articular-se um trabalho de pensamento que hoje está totalmente esquecido, ofuscado que foi pelas "luzes" do século XVIII: milhares de incidentes, de panfletos, de livros e de libelos, hoje completamente esquecidos, mas que se opunham *à ordem vigente*. As exigências em favor da liberdade e da tolerância não começaram no século XVIII: já nas revoluções inglesas do século XVII estes gritos se fazem ouvir e da Holanda, mais no final do século, ressoa e faz escândalo a polêmica entre o bispo Bossuet, defensor do direito divino dos reis, e o ministro protestante exilado Jurieu, que defende a soberania do povo; tais exigências, entretanto, levam as marcas desse tempo: nunca são exigências de individualistas em favor do respeito de suas posições particulares.

As mudanças econômicas, valorizando os produtos agrícolas, acabam por introduzir mudanças tecnológicas profundas na estagnada agricultura européia. O novo espírito racionalista infiltra-se na literatura agronômica; realiza-se a crítica do saber antigo e das tradições medievais e uma série de novos tratados vêm a luz entre 1590 e 1650. A busca pela produtividade é uma grande novidade nestes tratados: não se trata mais de repetir receitas tradicionais e esmerar-se no trabalho, esperando que Deus ajude e que a natureza cumpra a sua obra e gere algum excedente; trata-se agora de realmente produzir excedentes constantes e previsíveis para um mercado que está se ampliando nas cidades, frotas, exércitos e nas bodegas dos especuladores. A rotação de culturas é agora realizada em bases regulares e o emprego do arado e da charrua expulsam de vez a enxada que ficará doravante restrita aos pomares e hortas; no começo do século, as terras mais medíocres ainda exigem, apesar da melhoria dos tratos, um descanso de um em cada três anos em média. O desenvolvimento, entretanto, não é homogêneo. A zona mediterrânea parece nesta época ser a mais arraigada ao empirismo conservador. Sua produção ainda está centrada nos trigos finos, na vinha e na oliveira, suplementada por pomares frutíferos e produção hortigranjeira; a produtividade dos grãos nesta zona parece ter se mantido modesta – 4 a 5:1 – fato este que não afasta de vez as carestias, pois deve-se levar em conta as novas pressões de demanda e as perdas causadas por processos inadequados de beneficiamento e armazenagem. A adubação faz menores progressos aqui que no norte, mas a rotação entre cereais e legumes, melhorando a fixação do nitrogênio no solo, parece lentamente espalhar-se. A penúria local tem que ser, muitas vezes, assistida pelo comércio marítimo, que consegue a suprir quebras de safra não muito intensas pela importação dos trigos da Bulgária e da Grécia, através de Veneza, fornecendo igualmente um mercado nada desprezível para navegantes de cabotagem. A cultura da vinha, ao contrário, não apenas expande-se mas revigora a sua expansão, conquistando sem cessar novas terras de cultivo e novos mercados. Os vinhais geralmente estão associados aos pomares de outras frutas, o que explica o fato das avitaminoses serem mais raras em zonas de vinha que em zonas exclusivamente cerealistas. A viticultura desta época abunda inclusive em experiências botânicas e introdução de novas espécies. Aos vinhos comuns, consumidos de longa data, vem se acrescentar a vigorosa e crescente demanda por vinhos licorosos, cuja produção, iniciada na Grécia do século XIII, ganha praticamente toda a bacia mediterrânea. No caso particular da Inglaterra o VINHO DO PORTO será um dos pontos fundamentais do Tratado de Meuthen: em troca da alfândega livre para estes vinhos e para produtos coloniais, Portugal compromete-se a comprar quase que a totalidade de seus bens manufaturados da Inglaterra, panos e ferragens sendo os artigos principais. Londres e Bristol transformam-se em entrepostos setentrionais para o Vinho do Porto e os tecidos e ferramentas ingleses atingem o Brasil, via Lisboa. Do ponto de vista econômico, a área mediterrânea ainda caracteriza-se – principalmente a Península Ibérica e o centro-sul da Itália – pela presença do latifúndio improdutivo, que de per-si é um sério entrave ao progresso agrícola: o pequeno camponês, na prática já livre, quer melhorar e vive em uma perpétua fome de terras, pois seus pequenos lotes não são suficientes para um produto satisfatório; tem que arrendar área de latifúndio, em condições que muitas vezes lhe são desfavoráveis e que em muitos casos chocam o seu individualismo nascente; resulta daí que uma boa parcela das terras cultiváveis com a tecnologia disponível não sejam cultivadas e que o rendimento da terra tenda a estagnar-se; em muitos casos, como na Campânia Romana, terras de cultivo acaparadas e longamente abandonadas, acabam encharcando-se e tornam-se focos de malária, fato este que vem reduzir ou impedir o cultivo em amplas áreas adjacentes por problemas sanitários.

Na fachada setentrional e atlântica da Europa – acima do paralelo de Bordeaux *grosso modo* – é, ao contrário, uma verdadeira revolução agrícola que se esboça. O primeiro ponto desta revolução nós já o ressaltamos: o crescimento demográfico, que disponibilizou mais braços para o trabalho, aumentou a demanda da população urbana e baixou os salários. A grande densidade da população rural nesta área, já no final do século XV, impulsionou a formação e o crescimento de aldeias e com estas o crescimento da rede de caminhos e das *indústrias domésticas*[19]. Na Inglaterra, por exemplo, entre 1450 e 1600, a extensão das estradas vicinais quintuplica; a pólvora e o Rei, aliás, não estão alheios a tal movimento; já a partir de meados do século XVI alguns engenheiros de minas começam a utilizar pólvora na abertura de túneis e estradas, o Estado Nacional logo vê a importância estratégica de se manter sistemas de comunicação ativos através das Estradas Reais, melhor construídas e mantidas, e providas de redes de estalagens públicas, de serviços de posta e de diligências. Os camponeses além disto, pressionados pelo número, logo se põem a conquistar novas terras de cultivo, drenando pântanos, retificando rios e até mesmo ganhando terras ao mar, como no caso da Holanda. O uso da adubação orgânica e inorgânica é nestas regiões muito mais amplo que no sul da Europa e muitas terras estéreis ou encharcadas, depois de duas gerações de trabalho pesado, começam a produzir; estas novas terras associadas à rotação de culturas proporcionam um grande aumento de produtividade. Alguns historiadores modernos da economia nos dizem que talvez no Flandres, na Normandia, e na Inglaterra seiscentistas os grãos tenham atingido produtividades da ordem de 11:1 nas boas safras. Uma consulta à literatura técnica da época nos mostra o motivo desta melhoria: o campo começa, muito rudimentarmente, a automatizar-se. Em muitos tratados ingleses e holandeses do século XVII, nós vemos, ao lado da charrua e do arado, melhorados mas convencionais, máquinas semeadeiras adaptadas em carroças, de modo a melhorar a distribuição do grão

---

[19] - Considera-se sob este nome (*cottage industries* em inglês, mas o fenômeno é mais amplo), entre os séculos XV e XVII a pequena produção artesanal das aldeias centrada em laticínios, embutidos de carne, cestaria e cutelaria, produção de mel e cera, cardagem de lã, etc. que constitui um aporte econômico vital para o pequeno camponês, na medida em que suas terras e salários são insuficientes para a sua manutenção, e que contribui muito para o abastecimento interno das cidades.

a ser plantado; ocorrem também tentativas de geometrização dos campos, de mecanização na ceifa e no batimento, novos conceitos de celeiros e a generalização dos moinhos – de vento ou de água. Estes fatos conjugados aumentam em muito a produtividade agrícola e a capacidade de armazenagem; a França, nos seus terrenos de nordeste e de noroeste, vai se beneficiar muitíssimo destas novas técnicas e aumenta constantemente o seu produto agrícola, fornecendo a base para os projetos de industrialização manufatureira de Colbert e melhorando a posição do país no mercado europeu de matérias-primas. O desenvolvimento de novas raças de carneiros na Inglaterra, visando melhorar a produtividade da lã, aliado com as novas técnicas agrícolas, terá um efeito multiplicador semelhante, abastecendo firmemente a crescente demanda urbana e industrial.

Os banqueiros e grandes negociantes das praças de Haia, Antuérpia, Bruxelas, Leipzig, Londres, Bristol, La Rochelle, Dieppe, Lyon, Florença e Milão, em grande parte já ativas desde o século XVI, e as grandes corporações de Paris, realizarão enormes lucros com o açambarcamento e a distribuição desta produção crescente através de companhias de comércio monopolísticas, fundadas muitas vezes com beneplácito real: a armação de navios de longo curso e a participação no comércio colonial, o fornecimento para o comércio de cabotagem com as zonas da Europa presas da carestia ou da fome e o abastecimento das cidades em matérias-primas e alimentos são as três faces principais deste negócio já bastante integrado que fará fortunas com rapidez assombrosa para a época[20]. A repercussão sobre a marinha e a arquitetura naval é igualmente imensa: observa-se simultaneamente uma grande expansão numérica na frota de todas as nações marítimas da Europa, bem como uma melhoria acentuada no seu desenho, na sua velocidade e na sua capacidade de deslocamento: as caravelas de Vasco da Gama cruzam o cabo da Boa Esperança com, cada

---

[20] - Os paradigmas mais conhecidos destas organizações são as célebres *Companhias das Índias*, criadas na Holanda ao final do século XVI para o comércio com a América e a Indochina e que durarão até finais do século XVIII. Com relação a tal comércio, é importante lembrar que, embora fosse centrado em mercadorias de alto valor agregado como o açúcar, as especiarias, os metais e pedras preciosos e artigos de luxo, tinham nos bens de consumo de massa um complemento nada desprezível. No Brasil Holandês, por exemplo, o abastecimento de farinha, azeite, bacalhau seco e outros gêneros semelhantes, representava parcela importante (60% ou mais) do *frete de vinda* das naves que carregavam açúcar no Recife (ver, por exemplo, J.A. Gonsalves DE MELLO *Tempo dos Flamengos*, S. Paulo, J. Olympio 1947).

32

uma, 500 toneladas de deslocamento aproximadamente e depois de mais de três anos de ausência, são capazes de fazer a fortuna de Portugal com seu pequeno carregamento de especiarias; duzentos anos depois a tonelagem média de um navio mercante europeu é quatro vezes maior e a Carreira da Índia dura, em média, onze meses apenas, sendo que as grandes naves militares ou de comércio interoceânico – os galeões espanhóis por exemplo – podem atingir 3.500 toneladas de deslocamento.

A revolução econômica no campo não se dá sem perdedores: muitas das antigas terras comunais começam a ser cobiçadas ou açambarcadas, os nobres começam a ver seus antigos domínios como uma oficina de bater moeda, através de arrendamentos exorbitantes e tanto uma classe média de intermediários arrendatários quanto um proletariado rural de servos libertos e diaristas assalariados quase desprovidos de terras começa a se formar e a gerar tumulto; as facilidades de comunicação fazem com que estas novas turbas se possam deslocar com muito maior facilidade que seus avós, de maneira que os conflitos começam a espalhar-se e a ganhar as aldeias maiores, algumas cidades e muitas vezes regiões inteiras; as *jacqueries* do século XVII – estendendo-se da Castela à Moscóvia – são um aspecto da história que só muito recentemente vem encontrando seus merecidos eruditos; de qualquer forma, ao menos no caso inglês, o seu efeito já está ao menos mapeado nas denominadas *tendências radicais* da Revolução, representadas pelos *Niveladores* e por um ressurgir dos *Lollards*[21]. Tais efeitos sociais da ordem econômica são considerados diversamente na ordem mercantilista: enquanto os ingleses buscam, com pouco sucesso, o caminho da negociação e da regulamentação, a coroa francesa parece apoiar uma postura mais dura: nada regulamenta e intervêm apenas através do poder de polícia para restabelecer a ordem, geralmente causando tantos estragos quantos os que evita e aumentando a tensão social.

Os aspectos inovadores e contestatórios estendem-se igualmente sobre outros domínios da vida social. A tecnologia nos dará mais de um exemplo. Já mencionamos as inovações na arte da guerra, na construção de estradas e caminhos e na marinharia. Os transportes de uma maneira geral, serão um setor melindrosamente cuidado por quase todos os governos: à explosão de estradas vicinais na Inglaterra correspondem os interesses pelas estradas e correios reais de Luís XIV e iniciativas semelhantes até de Pedro o Grande. No interior dos territórios a pólvora de canhão

---

[21] - Ver a bibliografia citada na nota 15.

possibilita ainda a *escavação de canais* entre as diversas bacias hidrográficas, fato este com repercussões imediatas não apenas na facilidade de transportes, mas igualmente na disponibilidade de água. A construção dos jardins de Versailles neste sentido, apesar de parecer profundamente fútil aos olhos da burguesia iluminista, teve um significado fundamental: além do aspecto cerimonial e simbólico, já muitas vezes debatido, note-se que a operação, a manutenção e o controle dos tanques, repuxos e espelhos d´água do parque implicava um conhecimento aprofundado da hidráulica tanto nos seus aspectos físicos básicos quanto nos de engenharia. Assim, este gênero de estudos iniciado pelos galileanos com Torricelli à frente e que teve em Pascal um cultor apaixonado, logo vai interessar também aos engenheiros que deverão projetar bombas e máquinas elevatórias, construir castelos d´água, fabricar encanamentos, sondar poços e fontes prevendo o seu caudal e escavar reservatórios e canais. É interessante igualmente notar que os conhecimentos assim acumulados logo serão transpostos para outras aplicações, entre as quais a já citada construção de canais e o abastecimento das cidades com fontes de alto débito, fato este que possibilitou, via melhoria do saneamento público, um adensamento demográfico respeitável, sem o qual a política industrial mercantilista de um Colbert sequer seria pensável[22, 23]. O urbanismo, aliás, sofre várias transformações durante o século XVII; embora não se possa falar de uma reconstrução geral das cidades, muitas mudanças são realizadas, em particular no que tange à construção de novos espaços públicos: mer-

---

[22] - Notemos que o abastecimento público de água de qualidade aceitável mantém uma relação direta com o tamanho dos núcleos urbanos dele dependentes. Quando o volume fornecido é insuficiente e/ou a qualidade questionável, sérios problemas higiênicos começam a ocorrer e a transmissão de doenças infecciosas é bastante acelerada, resultando no aumento da morbidade e da mortalidade e, portanto, em depopulação da cidade. Um dos sérios obstáculos ao crescimento demográfico das cidades européias durante a Idade Media foi o abastecimento de água e a higiene pública. Em geral, entre o ano 500 e o ano 1550, as cidades européias eram pior abastecidas de água que suas congêneres gregas ou romanas. A técnica hidráulica dos romanos tinha-se inteiramente perdido no Ocidente tendo sido lentamente recuperada a partir de Leonardo da Vinci.

[23] - Para a discussão que ora enfrentamos e a que a precedeu, sobre transportes e agricultura, o leitor poderá consultar qualquer história séria da tecnologia. A nossa preferência pessoal recai sobre a obra coletiva editada por Maurice DAUMAS: *Histoire Générale des Techniques* (5 V. Paris, P.U.F 2ª ed. 1996). A 1ª edição desta obra foi traduzida para o português, sob o título *História Geral das Técnicas* (S. Paulo DIFEL 1970 e ss.).

cados, cais, hospitais, prisões, quartéis e fortalezas, conventos, bibliotecas, escolas, praças e, para os aristocratas, jardins. Uma preocupação é visível com a circulação urbana e com a segurança das edificações[24]. A reconstrução de Londres, depois do grande incêndio de 1666 é, neste sentido, típica: um novo traçado de ruas emerge que reflete, através de novos códigos de postura, uma preocupação com a iluminação, a ventilação, a circulação e a drenagem de águas; o gabarito das ruas é fixado de acordo com a utilização e o volume de tráfego previstos, buscando-se sempre um aproveitamento mais racional do espaço mas buscando-se também amplitude: becos e vielas são evitados. As novas casas são padronizadas igualmente, privilegiando-se na sua construção a alvenaria e a cantaria ao invés da madeira, e introduzindo-se edificações de quatro pisos: um rés-do-chão, dois andares e uma mansarda, visando-se desta forma múltiplas utilizações para os imóveis: espaços comerciais e/ou industriais, moradia e moradia de baixo custo. Ao contrário do hábito de *cobre-fogo* medieval, as cidades preocupam-se com problemas de iluminação pública desde o começo do século XVII e Londres e, em certa medida, Paris, neste sentido inovam bastante ao padronizar lampiões de óleo de baleia, instalados em alturas fixas e distâncias predeterminadas, regularmente acesos e apagados: este fato e uma maior preocupação com a disposição de dejetos, com a drenagem de águas servidas através de sistemas de sarjetas e esgotos, bem como a modificação do sistema de policiamento noturno nos indicam uma lenta mudança de hábitos: a noite não está mais sendo usada apenas para os serões domésticos e para o sono, mas começam a nela existir atividades sociais importantes — as décadas finais do século XVII verão o nascimento do cabaré, dos restaurantes que fornecem jantares e ceias e, em particular, o advento do teatro noturno; na Inglaterra em particular nascerá igualmente esta instituição destinada a uma belíssima fortuna: o *clube*.

As manufaturas desenvolvem-se rapidamente por influência tanto da prata espanhola, quanto das políticas mercantilistas praticadas pela França e pela Inglaterra e que, a partir de 1680, Leibniz tentará implementar no ducado alemão de Hesse, de onde influenciarão a Europa Oriental.

---

[24] - Uma referência muito interessante sobre o urbanismo do século XVII, que abrange e integra vários aspectos do fenômeno e com rica bibliografia é a obra de Lewis MUMFORD: *The Culture of the Cities*, disponível em numerosas edições no original e em tradução brasileira pela Editora Itatiaia (Belo Horizonte, 1968).

É característico o fato de que, desde meados do século, comecem a se desenvolver máquinas-ferramenta rudimentares ainda, mas que tenderão cada vez mais a substituir o trabalho das ferramentas simples nas oficinas. O interesse do cartesianismo por autômatos e mecânica, não é, desta forma, simplesmente derivado de postulados filosóficos, mas ressoa um certo *espírito da época*. As primeiras melhorias são realizadas em dois setores cruciais: a fundição de precisão dos metais – a partir do que se tinha aprendido da fecunda interação entre artistas como Benevenutto Celini e os artesãos do fogo renascentistas – e as melhorias fundamentais em uma antiga ferramenta de marcenaria – *o torno* – no sentido de dar-lhe uma rotação mais homogênea, potente e confiável e, melhorando sua cons- trução geométrica, permitir operações mais precisas e delicadas; os pro- gressos da cutelaria igualmente possibilitaram a construção de ferramentas melhores e melhor adaptadas, surgindo assim novos desenhos de brocas e de instrumentos de corte. A marcenaria do século é testemunha clara destes avanços, mas estas mudanças tecnológicas também foram rapida- mente adotadas em outros ramos industriais, nas fundições, olarias e cantarias principalmente: nestes novos setores a aplicação destas técnicas possibilitou a construção de mecanismos finos, de tubulações mais homo- gêneas e padronizadas em madeira, barro, pedra ou chumbo, com inegável importância para o desenvolvimento da Hidráulica, possibilitando igual- mente que a construção mecânica pudesse utilizar o metal ou mesclas de metal/madeira convenientemente ajustadas, na fabricação de novas peças, instrumentos e componentes de máquinas.

Uma conseqüência importantíssima destes desenvolvimentos mecâ- nicos foi a possibilidade de se criar eixos e rodas de aros com juntas de aço, *muito mais leves, robustos e precisos que as rodas e eixos tradicionais*. A cons- trução em série destes equipamentos, possibilitou igualmente que novas carruagens maiores, mais robustas, confortáveis e mais econômicas em termos de esforço de tração fossem construídas tanto para o tráfego urbano quanto para o intermunicipal e este desenvolvimento, aliado às melhorias viárias que já discutimos e à criação das estações de posta, barateou e tornou mais rápidas e seguras as viagens terrestres, baixando os custos de frete e de correio e tornando os deslocamentos de longo curso mais acessíveis a um número maior de pessoas. Pode-se avaliar a importância deste problema simplesmente dizendo que o genial Leibniz, nos seus primeiros anos de Hesse, dedicou uma boa parte de seus esforços ao estudo de sistemas de roda-transmissão de carruagens que fossem baratos, robustos e eficazes.

Embora distantes da Primeira Revolução Industrial, todas estas transformações tiveram um enorme impacto no cotidiano. Sua conseqüência mais importante talvez foi um nítido aumento no *consumo de energia pela sociedade*. O maior número de barcos em circulação e o incremento de moinhos de vento ou de água durante o século XVII indica claramente um uso muito mais intenso das energias hidráulica e eólica. O incremento das manufaturas implicou igualmente no aumento do consumo de *energia térmica* inicialmente através da queima de lenha, mas, na medida em que o século avançava, foram ficando mais claras as vantagens da utilização do carvão mineral; a exploração local desta matéria-prima é antiga, mas a *demanda por calor* faz com que seu uso seja ampliado e isto acontece, na Inglaterra, por volta de 1650 e no continente um pouco mais tarde. A exploração das jazidas de hulha em Gales começa a intensificar-se e com ela surge o sério problema da inundação das galerias pelos freáticos, que inviabiliza a extração. A necessidade de drenagem das minas acionará a utilização prática de uma curiosidade que desde 1601, com della Porta e de 1629 com Giovani Branca, já vinha chamando a atenção dos físicos e engenheiros: o uso do vapor de água para fins motores. As primeiras aplicações motrizes do vapor datam de 1663, na Inglaterra, onde Edward Somerset, segundo marquês de Worcester, parece ter construído no subúrbio londrino de Vauxhall, uma máquina segundo o princípio descrito por della Porta, para elevar água. Esta iniciativa entretanto permanece algo nebulosa e indevidamente documentada. A tentativa de Christiaan Huyghens e de Denis Papin em Paris, em 1673, está melhor documentada através de um relatório à *Academie des Sciences* e de um protótipo da máquina ensaiada, conservado na mesma instituição. Outras experiências semelhantes são descritas por Papin em artigos publicados no *Journal des Sçavants*, em janeiro de 1675. Ao invés de discutir prioridades, é muito mais útil notar que o tema já vinha preocupando cientistas e técnicos desde o começo do século, sendo muitos os artigos discutindo a possibilidade de uso da força motriz do vapor publicados em várias revistas científicas da época e muitas também as discussões nas academias. É muito provável que vários investigadores independentes, com maior ou menor felicidade e muitos deles hoje esquecidos, tenham se debruçado sobre o tema. O desenvolvimento de vários dispositivos essenciais ao funcionamento da máquina a vapor, tais como pistões e cilindros, reguladores, válvulas e tubos resistentes a altas pressões, foram sendo lentamente conquistados ao longo do século, como já descrevemos, de modo que o surgimento de equipamentos mais ou menos aplicáveis dependeu não somente de boas idéias, mas de capacidade prática de sua realização. De qualquer modo, é Savery quem apresenta à *Royal Society*, em 14 de junho de 1699 o primeiro protótipo de máquina de drenagem de minas baseada no vapor e quem requer para ela a primeira patente conhecida. O trabalho de Savery influenciará os trabalhos posteriores de Papin, que apresenta uma nova máquina em 1707 "*capaz de recalcar duzentas libras de água por cilindrada*". A partir deste ponto, várias outras propostas de máquinas a vapor vêm à luz até que Watt consiga dar forma à moderna máquina de ciclo combinado que realmente desencadeará a Primeira Revolução Industrial. É importante, pois, notar que já nos tempos da adolescência de Berkeley esta idéia nova do uso do vapor como força motriz tinha deixado os cérebros dos sonhadores para habitar a realidade e que, por mais toscas que fossem, estas primeiras tentativas trouxeram impactos importantes no cotidiano, possibilitando por exemplo a extração do carvão em volumes crescentes e a elevação de grandes quantidades de água dos mananciais para as cidades, permitindo desta forma o adensamento populacional, o nascimento da vida urbana contemporânea e o desenvolvimento da indústria moderna, além de, psicologicamente, gerar no ser humano um sentimento de orgulho e de domínio sobre as forças naturais.

## IV

Outro tema que molda a vida e os tempos de Berkeley e que é particularmente importante para se entender muitas facetas de seu pensamento é o desenvolvimento da ciência moderna. O pensamento científico da época em que vive o nosso filósofo é dominado pelas duas grandes figuras de Galileu GALILEI (1564-1642) e de Isaac NEWTON (1642-1717). Ele vive numa época na qual os primeiros frutos da moderna Física Matemática estão sendo colhidos, não apenas nas explicações dos fenômenos mais conspícuos da Física e da Astronomia, mas também em outros fenômenos, tais como as transformações induzidas pelo calor, o estudo da óptica e da acústica, as aplicações da matemática ao movimento dos fluídos e ao estudo da eletricidade, além de muitas aplicações do conhecimento científico às questões técnicas, que começam ser abarcadas pelo novo modo de pensar. Este fato causa em nosso autor, como o leitor o notará, um desassossego profundo que será um dos móveis de sua doutrina. Cumpre pois entender no que consiste este pensamento científico, para depois entender as objeções de Berkeley a ele.

Não refaremos aqui a história da ciência moderna; lembremos apenas os quadros principais da nova concepção de natureza que se inaugura com Francis Bacon e com Galileu. No Renascimento, depois do imenso choque cultural provocado por Copérnico ao afastar a Terra do centro do Universo, fazendo com que a aventura humana tivesse que ser repensada em sua relação com o Cosmos, vemos um Giordano BRUNO (1548-1600) abraçar as teorias copernicanas com ardor, aprofundando-as, radicalizando-as e fazendo do Universo um ser vivo imenso e divino que se transforma perpetuamente: o impulso para a verdade é para ele o valor mais alto e a infinitude do mundo desvelada por Copérnico é, antes de tudo, uma fonte inesgotável de oportunidades para o conhecimento e por este motivo o universo é divino. A infinitude o faz igūalmente discutir o problema da individualidade: as estrelas fixas, por exemplo, podem ser outros sóis ou centros de outros sistemas estelares tão complicados como este que admiramos aqui da Terra e, assim como as folhas de uma mesma árvore são muito parecidas sem entretanto serem iguais, estes outros infinitos mundos diferirão em uma outra infinidade de detalhes do nosso e, mesmo que semelhantes, manterão cada um a sua particularidade. Isto faz com que Bruno incorpore o atomismo clássico, através do conceito de *mônada*, à sua cosmologia mística que decididamente o encaminha para uma gnosiologia de fundo panteísta. Não é de se espantar que um tal pensador, originalmente um dominicano, logo tenha problemas com sua Ordem, sendo dela expulso por suspeita de heresia. Seu desenvolvimento filosófico posterior apenas aumentará seus problemas, e ele foge para a Inglaterra aonde adere temporariamente à Igreja Reformada e desempenha algum papel político na Corte, mas sem conseguir permanecer por muito tempo no país de exílio e na nova igreja. Seu copernicanismo radical e a influência platônica o levam a rejeitar a distinção tradicional de Aristóteles entre *forma* (*eidos*) e *matéria* (*hylé*) para a concepção da realidade, aonde a matéria é considerada um substrato passivo e a forma um princípio ativo abstrato e espiritual que animaria a matéria em todos os seus movimentos. O copernicanismo e o panteísmo de Bruno farão com que esta distinção seja para ele impossível de aceitar. A matéria sendo viva, ativa, divina enfim, deverá ser sede de *forças* que constituirão todo o drama do mundo. Bruno ainda conceberá tais forças um tanto antropomorficamente como os alquimistas ou os adeptos alemães da Magia Natural: falará de *ação* e *reação*, *simpatia* e *antipatia*, *amor* e *ódio*, *atração* e *repulsão* como pares antitéticos de características dinâmicas que atuam entre as diversas mônadas materiais, formando assim o infinito espetáculo do mundo.

Comparada com esta verdadeira ode ao Universo, a concepção de natureza do século XVII parecerá rudimentar e prosaica, mas conterá um germe absolutamente novo, que tudo transformará: a imagem em si não muda tanto – continua-se a pensar em termos de átomos e interações, *grosso modo*, com a ponderável exceção de Descartes, que será adepto da substância contínua – mas as interações agora estarão submetidas às regras do *mecanismo* e os corpos que constituem o Universo não serão mais pensados como *espontaneamente vivos*. A condenação das formas substanciais de Aristóteles se generaliza por mostrar-se grosseiramente incompatível com os fatos. Tanto Galileu quanto Hobbes ou Descartes se mostrarão adeptos deste mecanicismo, Descartes até mesmo tentará reduzir alguns dos fenômenos vitais aos movimentos; igual tendência estará presente também em Gassendi, Basson e Bérigard, renovadores e atualizadores do atomismo grego e por esta via o *atomismo* antigo se rejuvenescerá e se unirá ao *mecanismo* moderno. Não poderemos aqui desenvolver, como o merecido, o pensamento e a obra de Galileu, notemos apenas que nele vemos nascer uma ciência físico-matemática da natureza, baseada ao mesmo tempo sobre *medições precisas* e em *modelos matemáticos a serem comprovados experimentalmente*, sem apelo algum à autoridade dos mestres ou às intuições *a priori*. O caráter essencial desta nova ciência da natureza é a sua *capacidade de previsão dos fenômenos*. Ela não vai dizer, como os peripatéticos, que a forma é superior à matéria por que é *ativa e nobre* ao passo que a última é *passiva e grosseira*, mas vai provar que, utilizando-se a *linguagem da matemática* e *experiências bem feitas*, poderemos decifrar o livro da natureza e dizer como esta deverá se comportar em determinada circunstância. Em Galileu o atomismo persiste *enquanto hipótese de base*, na medida em que não é desmentido pela experiência e pelos cálculos e que forneça processos plausíveis para o entendimento mecânico dos modelos matemáticos desenvolvidos. O que é fundamental em Galileu é o interesse primordial no *método de deciframento* das coisas e não a discussão apriorística de uma hipotética "natureza última" delas. Pela primeira vez encontramo-nos diante de uma concepção nítida e pura de *lei natural* como *relação funcional* entre grandezas dadas. A partir deste momento, os progressos da matemática marcharão a par dos da física, possibilitando que estas *relações funcionais tornem-se cada vez mais amplas e generalizadas* (equações algébricas inicialmente, geometria analítica depois, modelos baseados em equações diferenciais, modelos topológicos, até as modernas teorias de gauge e teorias supersimétricas), abrangendo fenômenos cada vez mais amplos e complexos, com nível crescente de refinamento nas predições. Esta nova concepção das relações entre matemática e natureza implicará uma nova maneira de colocar um problema epistemológico clássico: a relação entre a matemática e o espírito humano. Não é estranho o fato de Galileu, aqui, ser decididamente antipitagórico e antiplatônico (opondo-se, neste particular, a Kepler) e de ter sido um grande conhecedor e divulgador das obras de Arquimedes: é toda uma outra concepção de matemática que, afastada da mística dos números, desabrocha depois de um sono de dois milênios.

O princípio, verificado nas dezenas de bilhões de operações metrológicas que suportam nosso cotidiano testemunham diretamente o gênio de Galileu. Esta concepção metrológica da experiência conduz Galileu a considerar como a única realidade verossímil da ciência aquilo que pode ser mensurado e esta posição epistemológica o atrai para o atomismo e o pensamento de Demócrito. Sabemos hoje que foi a adesão ao atomismo e não a defesa de Copérnico, o real motivo de sua condenação pela Igreja.

No Galileu da maturidade convergirão, portanto, a defesa do sistema copernicano, através da busca de provas experimentais irrefutáveis para ele, o desenvolvimento da nova ciência matemático-experimental e a busca de um enquadramento, ou conciliação, entre a filosofia democrítea clássica e a nova concepção corpuscular da matéria, com tendência ao mecanicismo. O próprio conceito de *força* que em Giordano Bruno é a épica do devir do mundo, tornar-se-á na física galileana mais prosaico, será uma *causa de movimento*, desprovida de antinomias e pares, que Newton mais tarde relacionará com a variação da quantidade de movimento das partículas e Leibniz com a variação da *energia* de um sistema. Notemos, entretanto, que a preocupação metrológica perseguirá Galileu até a velhice. Ele que foi o descobridor do isocronismo do pêndulo – fato que lhe permitiu medir com maior precisão os intervalos de tempo, velocidades e acelerações e que permitirá mais tarde a Huyghens transformar os relógios em instrumentos de precisão – tentará ainda medir a velocidade de propagação do som e a velocidade da luz, tendo sucesso no primeiro caso, mas falhando no segundo e intuindo do seu fracasso, *que esta última*

41

*velocidade seria muito maior que qualquer outra que concebêssemos*, fato este que inspirou Röemer a utilizar as assincronias dos satélites de Júpiter para obter, pela primeira vez, uma estimativa para a velocidade de propagação da luz, mostrando que ela é enorme, mas *finita*.

Galileu, influenciado por Demócrito, parece tender a separar as qualidades sensíveis dos corpos em *primárias* (peso e extensão) e *secundárias* (como cor, odor, gosto, etc.) sendo que tradicionalmente as qualidades secundárias não são consideradas como presentes nas coisas, uma vez que se pode conceber coisas materiais sem elas, mas esta distinção manifestamente o incomoda bastante, de modo que ele tenta reduzir as chamadas propriedades secundárias às conseqüências observáveis *de certas propriedades ou configurações dos átomos*, recuperando desta forma Lucrécio e abrindo um fértil campo de trabalho para a Física e a Química. São estas inquietações que o conduzem, entre 1592 e 1597, a pesquisar sobre o calor, sendo ele, ao que parece, o primeiro a inventar um instrumento para a medição de temperaturas: o *termoscópio*, que é o avô de nossos termômetros de líquido em vidro e de nossos termômetros de gás. Notemos igualmente que são dele a invenção da *luneta astronômica*, que lançou a pá de cal na teoria ptolomaica e que abriu para o ser humano uma nova janela para o Universo: manchas no Sol, satélites ao redor de Júpiter, fases de Vênus, a Via Láctea finalmente resolvida em milhões de estrelas, cada uma podendo conter, girando em torno de si, outros planetas e satélites, montanhas e vales na Lua, etc., é difícil avaliar o impacto destas novas descobertas realizadas em algumas observações sob o céu límpido de Florença. O certo é que, depois dele, a técnica astronômica mudará completamente: telescópios cada vez maiores possibilitarão que o homem abandone seu provincianismo antropocêntrico e suas veleidades infantis de se sentir o centro do Universo; além disto, fornecerão esta percepção prática do *princípio copernicano* segundo o qual não habitamos de modo algum um posto privilegiado no Universo. A luneta astronômica possibilitou também o renascimento dos estudos ópticos e deu origem ao *observatório astronômico*, que é a primeira instituição científica autenticamente moderna, sem similar na Universidade medieval ou nos tempos clássicos. Estas novas instituições reúnem em um mesmo lugar grandes obras civis, instrumentos ópticos de alta precisão, oficinas especializadas, laboratórios, biblioteca, etc. Exigem igualmente uma *nova organização* da atividade científica, com planejamento minucioso dos trabalhos, plantões de observação, manutenção contínua e uniforme de registros objetivos e exatos das observações, planejamento e organização de longo prazo e intercâmbio de informações com outras instituições similares; o trabalho técnico e de oficina aí adotará igualmente novos padrões de rigor e de precisão e o tratamento dos dados obtidos inspirará o desenvolvimento de novos métodos de cálculo e de novas ferramentas matemáticas. Luís XIV fundará a primeira instituição deste gênero: o *Observatoire de Paris*, que logo será seguido pelo *Observatório de Greenwich*, próximo à Londres e por muitos outros. Em Paris, vemos reunir-se no Observatório uma equipe fantástica de cientistas: a família Cassini, italiana de origem, aí exercerá por mais de um século seus talentos, o flamengo Huyghens é também contratado, sendo aí o pioneiro de experiências ópticas e de observações meteorológicas e geodésicas, bem como o mencionado astrô-nomo sueco Olaf Röemer, discípulo de Kepler, que aí realizará as observa-ções estabelecerão a *finitude* da velocidade da luz.

A influência de Galileu se perpetuará através de seus discípulos, o mais conhecido dos quais é Evangelista Torricelli, que inicialmente se dedica à mecânica como o mestre, mas que, influenciado pelos trabalhos de Otto von Guericke, começa a estudar os fenômenos relativos à pressão atmosférica e ao vácuo, inventando o barômetro e descrevendo o funcio-namento das bombas hidráulicas. Torricelli aperfeiçoa o desenho destes equipamentos, que o conduzirão aos primeiros estudos quantitativos de Hidrostática realizados no Ocidente desde Arquimedes; os resultados obtidos por ele neste campo influenciaram Pascal e os engenheiros hidráu-licos franceses, como já tivemos ocasião de comentar. Galileu, na sua maturidade, também se aproximou muito dos artesãos e das oficinas, buscando entender os processos físicos de uso técnico e prático e, princi-palmente, buscando *aprender através da experiência controlada*. Por influên-cia do Duque da Toscana, é fundada em Florença a *Accademia dei Lincei* (Academia dos Linces), que depois da morte de Galileu se transformará na *Accademia del Cimento* (Academia da Experiência), cujo mote será: *provando i riprovando*, um belo resumo dos princípios da epistemologia galileana. Muitos de seus discípulos, reunidos nesta Academia, conti-nuarão suas belas pesquisas sobre termometria e dedicar-se-ão igualmente às medições da pressão atmosférica e às primeiras determinações quanti-tativas das propriedades físicas dos materiais. Será deste grupo *que sairão os primeiros barômetros e termômetros precisos do mundo*, alguns deles ainda hoje em perfeito funcionamento. O médico *Sartorio Sartori*, por exemplo, é, em 1658, o primeiro a fixar uma escala sobre o termoscópio de Galileu, possibilitando desta forma as primeiras determinações reprodutíveis de temperatura; na *Academia* ainda, realizam-se pesquisas sobre os materiais termométricos e sobre calibração de termômetros, chegando-se à construção dos termômetros de cristal preenchidos com álcool etílico, por volta de 1670, como o instrumento padrão da termometria, que só será deslocado pelo termômetro de mercúrio de Fahrenheit em 1698. O advento do termômetro possibilita as primeiras observações meteorológicas quantitativas e a sua aplicação à clínica médica é imediata. Florença, até o começo do século XVIII será o grande centro de sua fabricação, suplantada pela Suíça a partir de 1720.

A *Accademia del Cimento*, não é entretanto um fato isolado. As aspirações filosóficas e científicas do século traduzem um tédio profundo diante das lutas de seitas e das disputas universitárias apoiadas em textos venerandos. Até mesmo as belas letras parecem um tanto abandonadas por estes novos filósofos: é muito raro encontrar-se citações de poetas gregos ou latinos em Descartes, Gassendi ou Galileu, embora o estilo continue bem cuidado. A maioria das Universidades, entre as quais as de Paris, Salamanca e Bolonha, alinham-se decididamente com os tradicionalistas, e são fábricas de anátemas contra tudo o que cheirar, mesmo remotamente, heresia ou novidade; um mínimo de liberdade persiste apenas nas Faculdades de Medicina por questões meramente práticas: não há como negar os avanços desde Paré e Vessalius; mesmo assim a demonstração de Harvey sobre a circulação do sangue tem que ser introduzida à socapa, com mil precauções e negaças, explanada como mera *hipótese* muito afastada da *antiqua veritas* dos humores e do fogo central que regem a máquina humana. Neste clima, os filósofos e os cientistas em geral desprezarão uma erudição que pouco lhes serve: a Antigüidade greco-latina, por seu particularismo sectário, e salvo exceções como a de Arquimedes, é temida pela ciência e a filosofia busca uma "universalidade verdadeira", cujo tipo será encontrado nas técnicas matemáticas e experimentais, que se desenvolvem sem muitas referências às polêmicas clássicas de escola. Cavalieri, Fermat, Harvey, assim como Ambroise Paré e Bernard Palissy no século XVI, desenvolverão a Geometria, a Álgebra, a Medicina, a Cirurgia, a Química e a Engenharia, de modo tão independente da Universidade de seu tempo, quanto um Arquimedes ou um Heron de Alexandria desenvolveram seus trabalhos sem referência aos estóicos seus contemporâneos. A própria filosofia, aliás, abandona todo o aparelho técnico tradicional nos séculos XVII e XVIII, assim como abandonará, por seus maiores nomes, os muros da Universidade: Descartes, Hobbes, Spinoza, Leibniz, Locke ou Rousseau, não são universitários ou são trânsfugas da Universidade e as formas literárias por eles adotadas em seus textos são formas diretas com pouquíssimas referências ao estilo filosófico da Escolástica ou da Antigüidade; acrescente-se a isso o uso do vernáculo ao invés do latim em muitos dos seus textos, denotando uma tentativa de atingir os homens que estão fora do círculo dos letrados e que não conhecem a língua culta. Do ponto de vista biográfico, igualmente, estes pensadores são gente alheia aos *literatti*: Descartes, gentil-homem e militar aposentado; Spinoza, comerciante judeu rompido com a sinagoga, que vive de um ofício artesanal; Leibniz, embora jurista, é um diplomata e ministro de um pequeno estado alemão; Locke um médico sem diploma, filho da boa burguesia inglesa; Newton o filho de um pequeno fazendeiro; Rousseau, filho de um relojoeiro suíço...A Universidade da época, pois, parece que expulsa estes novos meios intelectuais que revolucionam o pensamento e a prática científica. Estes novos pensadores se reunirão inicialmente em pequenos círculos privados, como o que os Médicis animavam na Florença do jovem Galileu, ou aquele que se reunia junto ao padre Marin Mersenne e do qual participavam Huyghens, Descartes e Pascal. Estes círculos informais, sem sede fixa, cujas "reuniões" são muitas vezes epistolares, dão espaço a um imenso trabalho do espírito, que podemos acompanhar com maior exatidão através da correspondência, farta e cerrada, que é trocada por seus membros do que através das obras por eles publicada: efeitos sem dúvida da censura e das polêmicas religiosas que ainda ferviam na época[25] e que colocavam gargantas em risco. Num segundo momento, a partir de 1650 *grosso modo*, aparecer outras instituições nas quais o novo pensamento abriga-se e cresce:

Na Itália, a já mencionada *Accademia dei Lincei* é fundada em 1606 e acolhe Galileu em 1616; querelas teológicas e políticas com Roma fazem

---

[25] - É sempre bom lembrar que Bruno foi queimado pela Inquisição, em Roma, em 1600, que Galileu foi obrigado a abjurar e a exilar-se em Arcetri para salvar os seus últimos anos de vida e que Spinoza, acusado de impiedade pelos rabinos, foi traduzido diante dos tribunais holandeses, mesmo tuberculoso, perdendo larga parte de seus meios materiais neste processo. O leitor poderá, *ad nauseam* recolher exemplos semelhantes. Não será aqui necessário relembrar o *Index*, que sairá fortalecido de Trento e que, por cerca de trezentos anos, será anualmente enriquecido por algumas dezenas de obras vedadas aos "cristãos" de as ler; Newton e Galileu, só deixaram, teoricamente, de ser proibidos aos católicos, depois de João XXIII!...

com que ela seja lentamente desarticulada, mas a *Accademia del Cimento* a sucede em 1657 e logo se põe em contato com a *Academie des Sciences,* comunicando e recebendo vários resultados científicos; a *Academie des Sciences* nasce em Paris, em 1658, a partir de um círculo de estudos fundado pelo barão de Montmor em 1636, que era freqüentado por Pascal, Gassendi e Roberval; na Inglaterra a *Royal Society* é fundada em 1645 para reunir "*... todos aqueles que tratam de matérias filosóficas, de física, anatomia, geometria, astronomia, navegação, magnetismo, química, mecânica e experiências várias sobre a natureza...*", tomando como uma de suas regras básicas o fato que "*... a sociedade não tomará como seus nenhuma hipótese, nenhuma doutrina sobre os princípios da filosofia natural, nenhum sistema, propostos ou mencionados por qualquer filósofo, antigo ou moderno...*"; antes de mais nada, os seus fundadores não querem se expor a "*... considerar como gerais, pensamentos que são apenas particulares, ou próprios de alguém...*": apenas a experiência decide. Leibniz, finalmente, consegue realizar um sonho longamente acalentado: funda em Berlim a Academia de Ciências da Prússia, que começa a ser organizada em 1698 e é inaugurada em 1701. A tendência espalha-se. Todas estas instituições comunicam-se entre si e elegem como seus membros, não somente os naturais de um único país, mas também a estrangeiros, com base em méritos que são julgados apenas por seus pares: nascem assim os *membros correspondentes* destas academias que muitas vezes transformam-se em pontos de difusão das novas idéias em regiões muito distantes dos focos originais. Um traço realmente interessante destas instituições é a sua horizontalidade e um certo "espírito republicano", bem afastado das pompas medievais da Universidade de então: os estatutos não fazem então qualquer distinção sobre a titularidade universitária dos seus membros; o que conta é a sua capacidade técnica em um ou vários ramos do saber. Isto é particularmente nítido na *Royal Society* que, apesar do nome, foi fundada originalmente por comerciantes e artesãos de Londres, interessados em aplicações práticas dos novos conhecimentos científicos[26] e para quem o patrocínio real era mais um escudo político contra eventuais bisbilhotices de carolas ou pastores. De fato, embora em todos os casos conhecidos o patrocínio

---

[26] - É interessante notar que uma das primeiras *questões de concurso*, propostas por esta instituição seja a de *se conseguir um método prático e exato de se obter a longitude de um navio em alto-mar*, evidenciando assim o tipo de impulso intelectual e necessidade prática que levava esta gente a associar-se.

da monarquia estivesse presente, é interessante notar que as Academias possuem desde o início, uma *forte capacidade de autogoverno*, baseada principalmente em estatutos que garantiam autonomia jurídica e uma grande autonomia financeira, provinda das doações ou de fundos públicos e da cotização de sócios em boa condição financeira: em muitos casos a colaboração financeira da burguesia local era importante e houve casos de participação das academias no produto de algumas patentes, bem como rendas auferidas por trabalhos de consultoria. Será bem mais tarde que veremos as academias científicas serem gradualmente submetidas ao poder regulador do Estado. Estas instituições publicam também regularmente as suas revistas científicas, nas quais, sob forma breve, são descritos os novos desenvolvimentos e pesquisas, postos assim sob domínio público: as *Comptes Rendus* de Paris e os *Proceedings* da Royal Society são publicados e lidos ainda hoje, e são tidos como publicações científicas da melhor qualidade. De maneira geral, em um mundo hierárquico e autoritário, permeado por polêmicas religiosas e filosóficas que redundam muitas vezes em violência institucional e física, como é o mundo europeu do século XVII, as academias aparecem como um lugar de estranho sossego: nelas as discussões se dão sobre fatos demonstráveis e não se adota, *a priori*, nenhuma concepção pró ou contra uma certa teoria, pelo fato dela satisfazer ou não alguns postulados religiosos ou filosóficos, muito embora muitos destes novos pensadores e cientistas – um Pascal ou um Newton, por exemplo – sejam homens de profunda convicção religiosa e até mesmo místicos: o que importa é o livre debate de idéias e a demonstração da correção de um ponto de vista por meios lógicos e exatos e não por argumentos retóricos ou de autoridade. Antes mesmo do século XVIII exigir o *livre-pensamento* em todos os domínios da atividade humana, dentro destes novos círculos científicos, o *livre exame* dos fatos materiais e naturais, é não somente *proposto*, mas também *encorajado* e *aceito* como regra fundamental de indagação científica. As conseqüências serão imensas, a principal das quais será uma certa *dessacralização do mundo*; o pensamento religioso perde seu império sobre a realidade natural e o fato da Bíblia dizer, por exemplo, que Josué mandou o Sol parar para que os israelitas aproveitassem melhor das felizes conseqüências de uma batalha, não pode ser mais argüido contra o heliocentrismo – as Leis de Kepler, nascidas da cuidadosa observação dos fatos e posteriormente justificadas por Newton a partir dos princípios gerais da Mecânica nos dirão que são a Terra e os planetas que giram em torno do Sol e não o contrário e o custo da explicação da façanha de Josué caberá doravante ao místico e ao teólogo e não mais ao astrônomo, que desenvolverá em paz as conseqüências da teoria copernicana, sem se preocupar tanto com masmorras ou fogueiras.

Estas sobreviverão por um bom tempo, mas as condições favoráveis de pesquisa fornecidas pelas academias científicas, logo promoverão o estabelecimento de uma imensa massa de fatos bem estabelecidos e aplicáveis, contra os quais a Bíblia não mais poderá opor a lógica, mas apenas a caturrice e o novo quadro do mundo vai lentamente penetrando o cérebro do homem médio a despeito do que dizem o padre ou o pastor; as próprias conseqüências tecnológicas destes conhecimentos se implantarão com solidez cada vez maior na sociedade, fazendo com que a doutrina escolástica se transforme pouco a pouco em uma velharia sem posto verdadeiro. Entre 1670 e 1750 aproximadamente e entre as sombras de dois gigantes como Galileu e Newton, desenvolve-se todo um trabalho de cunho muito mais modesto, mas encarniçado e muito fértil em resultados. Nomes como Gilbert, Hooke, Spalanzani, os irmãos Bernoulli, Euler, Lineu, Buffon, Steno, s´Gravesande, Blake, Huyghens, entre tantos outros, estudarão o magnetismo quantitativamente e explicarão o funcionamento da bússola; inventarão o microscópio, possibilitando o nascimento de novos domínios científicos e revolucionando a Biologia; formularão os princípios da Hidrodinâmica, inventando as ferramentas matemáticas adequadas para estes estudos; criarão a Zoologia, a Botânica e a Geologia modernas; continuarão os estudos sobre o calor, desenvolvendo, para além da Termometria, as disciplinas térmicas da Dilatometria, da Calorimetria e da Transferência de Calor, propiciando que, entre 1780 e 1820, graças aos esforços de Lavoisier, Fourier e Carnot, entre outros, tenha nascimento a Termodinâmica que terá enormes impactos no mundo contemporâneo e que finalmente formularão a Óptica como uma teoria ondulatória, abrindo desta forma outro campo imenso para o desenvolvimento científico e técnico. Estas novas conquistas desagradarão os tradicionalistas; logo veremos o Romantismo, na matriz do Sturm und Drang por exemplo, eriçar-se contra o pensamento racional em nome de um impulso de viver que estaria hipoteticamente sendo morto por um mundo materialista e sem poesia, mas antes mesmo disto teremos todo um pensamento de matriz conservadora que empreenderá, com qual sucesso cabe ao leitor julgar, a crítica ao *livre-pensamento* saído da nova filosofia científica. É este o contexto no qual o trabalho de Berkeley insere-se.

O século XVIII, posto entre os sistemas racionalistas de Malebranche, Leibniz e Spinoza e as massivas arquiteturas de Schelling, de Hegel ou Comte, aparecerá a muitos como um momento de relaxamento para o espírito sintético e construtor. Alguns o apreciaram desdenhosamente, do ponto de vista filosófico, encontrando, salvo nos casos de Berkeley, Hume e Kant, apenas pensamentos sumários, pouco originais, feitos para o panfleto, etc. Na verdade, como disse Paul Hazard na introdução de seu clássico *O Pensamento Europeu no Século XVIII*, o diabo estava à solta na Europa desde a segunda década do século: o demônio da crítica, aleitado nas cândidas discussões científicas, rompe as suas cadeias e agora quer empalmar todo o Universo. Nada mais será sagrado: não é apenas o mundo material que será objeto das indagações experimentais; os fundamentos da linguagem – que a Bíblia diz ser um dom de Deus ao Homem – os fundamentos da política e do poder, os venerandos documentos sobre os quais são redigidas as Histórias, tudo será objeto de crítica; não são apenas os Enciclopedistas, Voltaire ou Helvetius que serão acusados de ateísmo; um modesto professor escocês de Ética, Adam Smith, provocará escândalo ao querer discutir científica e filosoficamente os fundamentos da prática dos negócios n´*A Riqueza das Nações* e a trivial, comezinha e algo cínica proposição de que "*... não devo esperar o meu jantar da benevolência do açougueiro ou do cervejeiro, mas sim de sua cobiça...*", tão simplesmente verificável em qualquer esquina de qualquer miserável aldeia européia de então, moverá mares de tinta, clangores de gritos, montes de grossas papadas apopleticamente infladas clamando imoralidade, cinismo e ateísmo, não obstante estes mesmos catões continuem investindo seus fundos em sólidos bancos e companhias de comércio colonial, ou desfrutando de sinecuras governamentais.

O fato que marca o começo do século XVIII é a rápida decadência dos sistemas de matriz cartesiana que tinham tentado unir a filosofia da natureza e a filosofia do espírito em um todo. Será, em parte, o próprio desenvolvimento científico o motor desta crise filosófica: é muito difícil nesse instante conciliar a tradição das ciências humanas, ainda muito tocadas pelos estudos clássicos que a Filologia – nascida no século XVI – fará exacerbar, pela herança imensa e incômoda do Direito Romano, pelo peso enorme da Teologia e da tradição dos estudos bíblicos, tudo isto escrito em latim, grego, siríaco ou hebraico, com os breves comunicados escritos em língua vulgar, ou numa linguagem de equações matemáticas inteligíveis por todos os que conhecem um pouco de álgebra ou geometria, com coisas que se demonstram de modo claro pelas medições experimentais ou pelas deduções matemáticas. O dilema – hoje o vemos, mas na época não era tão perceptível – é claro: ou se reduz o espírito à matéria e então há que se buscar as suas leis, de uma maneira análoga à usada para estudar para o movimento dos planetas ou o calor, ou então há que se exilar o espírito do mundo material, para uma região na qual as leis que regulam a matéria não mais se apliquem. Os mestres do século XVIII serão pois Isaac Newton e John LOCKE (1632-1704). Em Newton teremos uma parte substancial do pensamento, a sua Física que ele denomina significativamente *filosofia natural*, mantendo um vínculo muito frouxo com suas doutrinas relativas às realidades espirituais, nas quais ele crê mais por misticismo pessoal do que por convicção filosófica e em cuja digressão ele emprega um tipo de argumentação totalmente distinto do empregado na exposição da sua *filosofia natural*. Locke, por sua vez, será o autor de uma filosofia do espírito que permanece sem ligação essencial com o desenvolvimento contemporâneo das ciências matemáticas e físicas, tal como compareçem em Newton ou Galileu. Seu método, entretanto, ao abordar estes temas, é racional e temperado, distante de qualquer exaltação mística como a de Newton ao tratar das *Profecias de Daniel e o Apocalipse*; diríamos que é como se ele temesse queimar-se com o fogo da exaltação, buscando antes de tudo a calma e o raciocínio indutivo para apreender as novas realidades do domínio que ele se propõe a explorar. Locke e alguns de seus sucessores buscarão estabelecer uma certa afinidade entre o espírito e o mundo material, tal como representado pela teoria da atração newtoniana e aí devemos ver apenas a unidade metódica que o próprio Descartes já havia pretendido estabelecer entre as diversas partes da filosofia, na verdade não existirá para o inglês a *mathesis universalis* que permite ao francês obter a unidade de método na indagação filosófica. Ao recusar-se a descrever o espírito com as ferramentas experimentais e matemáticas desenvolvidas para explicar o mundo material, tarefa que – digamo-lo por justiça – na época teria sido tão inútil quanto estéril, Locke recai em uma simples metáfora que imagina o espírito calcado no modelo que Newton constrói para a natureza, com a ilusão de obter assim um igual sucesso explicativo.

Analisemos inicialmente o impacto das idéias de Newton que, por coerência, deveriam ser discutidas em paralelo e, por vezes, em contraste com as idéias de Leibniz sobre a mecânica e a natureza. A Mecânica de Newton caracteriza-se por dois traços que ele herda de Galileu, mas que possuem conseqüências bem mais profundas: em primeiro lugar ela introduz uma extrema precisão na aplicação da matemática aos fenômenos naturais, que permite calcular e prever, a partir de poucos princípios de base e com metodologia padrão de cálculos, uma série de fenômenos (movimentos dos planetas e cometas, marés, gravitação e movimento do pêndulo), *desde que se conheça as condições iniciais do problema, dadas pela experiência* e, em segundo lugar, abandona uma parcela do problema ao *contingente* e ao *inexplicado*, através destas próprias condições iniciais, que não são determináveis pela teoria. Isto ocorre porque, com Leibniz e Newton, ficou provado que a ferramenta matemática mais adequada para se tratar problemas de física são as *equações diferenciais* ou as *equações integro-diferenciais* definidas sobre uma certa *variedade matemática*. No caso da mecânica newtoniana, estas variedades são os *vetores* que descrevem a posição de cada uma das partículas que compõem um sistema com relação a um certo referencial. Galileu já tinha precisado, com base na variação da posição com o tempo, as noções de *velocidade* e de *aceleração* e o *caráter relativo* do movimento e Descartes já havia introduzido a noção de *quantidade de movimento* de uma partícula, como sendo o produto de sua massa por sua velocidade: $\vec{p} = m \cdot \vec{v}$. Ele tinha postulado igualmente, motivado pelo estudo dos choques mecânicos, que *a quantidade de movimento total de um sistema se conservaria*; Leibniz demonstrou que esta Conservação da Quantidade de Movimento não basta e que é necessário suplementá-la por um Princípio de Conservação da Força-Viva (hoje diríamos *energia cinética*) do sistema. Além disto ele e Newton mostraram que a geometria e a álgebra elementares, os *círculos e triângulos* que, segundo Galileu, seriam os caracteres com os quais o livro da natureza se escreveria, *eram insuficientes* para formular a mecânica; nem mesmo a Geometria de Descartes, bastaria.

V

Antes de analisarmos o pensamento de Berkeley, é necessário discutir outra influência importante sobre ele: a filosofia de John LOCKE (1632-1704). Este pensador é hoje mais conhecido por suas contribuições à Filosofia Política, não obstante será a sua Teoria do Conhecimento que terá um peso importante na formação do pensamento de nosso autor. A gnosiologia de Locke, como a de Berkeley, será condicionada por reflexões religiosas e morais e por posicionamentos políticos. Em 1603 falece Elizabeth I e a coroa da Inglaterra é posta na cabeça de Jaime I Stuart, a quem Henrique IV de França chamava de "... *o imbecil mais erudito da cristandade!*"; o longo reinado de Elizabeth, apesar de ter sido marcado de glórias como a derrota da "Invencível Armada" espanhola, o início da conquista do Império Colonial Britânico e o florescimento das letras com Shakespeare e Marlowe, foi marcado também pela inércia, pela ambigüidade, pela indecisão e pelo aumento das tensões políticas e sociais internas: a situação financeira do Estado degenera-se progressivamente com a inflação e com a evasão fiscal, os impostos e as rendas da Coroa corroem-se ao mesmo tempo em que os conflitos com o Papado, a Espanha e a França exigem um grande aumento de gastos de guerra. A dinastia Stuart é considerada pelos historiadores ingleses como uma das mais ineptas que governaram o país; Jaime I insiste em se considerar um soberano absoluto, interferindo nos assuntos públicos e privados de seus súditos sem ter os meios materiais e políticos para tanto; comete erros crassos na condução da política social e religiosa e, ao invés de manter uma linha de neutralidade, alia-se com a aristocracia latifundiária contra os interesses da burguesia comercial, representada pela Casa dos Comuns no Parlamento; seu sucessor Carlos I, exacerba estes erros gerando a Guerra Civil com o Parlamento em 1642 e acabando no cadafalso em 1649. A vida intelectual de Locke, dessa forma, desenvolve-se, *grosso modo*, entre a Revolução de Cromwell de 1642-58 e a Revolução Gloriosa de 1689 que depõe os Stuarts e eleva Guilherme de Orange ao trono inglês.

## VI

Retornemos agora a Berkeley e analisemos a obra de Berkeley à luz do exposto. Quando ele inicia sua carreira com o *Commonplace Book* – por volta de 1707 – Locke falecera há apenas três anos, Leibniz e Newton ainda estão vivos assim como Luis XIV e Pedro o Grande. A Inglaterra é uma monarquia constitucional há duas décadas, caso quase único em meio a um continente imerso no absolutismo, e as máquinas a vapor começam a ser aplicadas industrialmente em pequena escala; o cálculo diferencial é utilizado correntemente e as academias científicas estão em pleno esplendor. Mas neste começo do século XVIII, como o dissemos, o diabo estaria à solta. A ordem nobiliárquica e absolutista seria ameaçada por transformações profundas provindas de todos os horizontes. O próprio Jonathan Swift, tão amigo de Berkeley, causaria escândalo imenso com suas *Viagens de Gulliver* e suas críticas bem humoradas às instituições sociais vigentes, a ponto das Inquisições espanhola e portuguesa proibirem o romance, considerando-o subversivo. Os costumes populares modificam-se rapidamente: em Londres, a *taverna* começa a atrair tanta gente quanto as igrejas e os primeiros *cafés* aparecem nas principais cidades européias, inaugurando assim novas formas de sociabilidade; para os extratos superiores das classes médias e para as classes mais elevadas, os *salões* se constituem na forma inovadora de relações sociais[27]. A alfabetização começa a generalizar-se – ao menos na França, nas Ilhas Britânicas e em alguns países alemães – e a obra crítica da ciência e da filosofia do século XVII torna-se acessível a um número maior de pessoas; tal influência não tardará a propagar-se através dos novos aparelhos de sociabilidade. Por fim, imenso ímpeto econômico do mercantilismo e do comércio colonial provocará transformações sociais de peso e lançará no palco político novos atores pouco dispostos ao papel de coadjuvantes, e uma nova instituição destinada a catalizar as forças de muitos descontentes – a Franco-Maçonaria – será fundada em Londres.

A preocupação central da filosofia de Berkeley – como vimos notavelmente precoce e precocemente amadurecida – será defender a religião e o senso comum contra as ameaças da nova filosofia atomista e contra todas as idéias que possam conduzir ao materialismo e ao ceticismo; desta forma os *livre-pensadores* deveriam muito cedo atrair a atenção do jovem filósofo. A nova filosofia, como vimos, desafiava a religião ao representar o mundo como uma imensa máquina que funcionaria segundo instruções autônomas e leis determinísticas e tal determinismo era hostil à cosmovisão cristã em ao menos três pontos:

i) Em primeiro lugar implicava que, se Deus estivesse envolvido causalmente com a natureza, ele poderia agir somente nas suas

---

[27] - Note-se que, dentre as reformas que Pedro o Grande introduz à força na Moscóvia, uma das que causa maior resistência é justamente a *criação dos salões*. Estas reuniões mundanas, onde homens e mulheres conviviam lado a lado, sem estarem divididos em alas como na igreja e fora do alcance da vigilância dos popes, foram consideradas por muitos como uma degenerescência e uma imoralidade, principalmente porque implicavam na abolição dos *gineceus*, que eram na época uma instituição ainda robusta, mesmo nas maiores cidades russas. Ao leitor interessado indicamos a obra de Roger PORTAL: *Les Slaves: Peuples et Nations*, Paris, Armand Colin (1965).

fronteiras, como criador dos seus componentes fundamentais (espaço, tempo e matéria), das leis que a regem e – caso tivesse o Universo um começo – no estabelecimento das condições iniciais. Uma vez ocorrida a criação, tudo o que acontecesse no domínio físico, seria explicável em termos puramente físicos e mecânicos, sem apelo a qualquer espécie de entidade transcendente;

ii) Em segundo lugar, ao postar Deus na periferia da natureza, esta cosmovisão questionava a necessidade de se admitir a própria existência de Deus, confrontando diretamente a *prova ontológica* da existência da divindade, tão cara ao pensamento cristão desde Agostinho. Se tudo o que ocorresse no domínio físico fosse explicável em termos puramente físicos, por que não assumir simplesmente este domínio como o termo de sua explicação? Por que não supor que o Universo sempre tenha existido e que tudo o que necessite de explicação, possa ser completamente explicado supondo-se que o estado do Universo em certo instante forneça as condições iniciais necessárias para a intelecção de um seu determinado subsistema? Por que supor que o Universo com suas imensas estruturas, dependa de um ser não físico ou de uma inteligência motora transcendente e externa a ele?

iii) Em terceiro lugar, a filosofia corpuscular conflita com a concepção religiosa do ser humano, pois, se todos os eventos são causalmente determinados por condições físicas prévias, somos forçados a assumir uma concepção materialista ou agnóstica do espírito humano, que permite a ele ter alguma ação sobre o mundo apenas se for uma parte integrante do mundo físico ou – caso tal fórmula seja inaceitável – supondo que o espírito humano não tem influência alguma sobre o curso dos eventos físicos: de qualquer modo a semelhança do espírito humano com a divindade, enfaticamente afirmada pelas Escrituras, torna-se problemática. Além disso, tal filosofia conflita não somente com a concepção religiosa do Universo, mas também com a sabedoria tradicional e com o senso comum da maioria, alicerces sobre os quais a cosmovisão cristã durante muito tempo se assentou. Ao colocar o ser humano fora do centro da máquina universal, fazendo do sujeito de conhecimento um infinitésimo diante do tamanho e da importância das estruturas e processos que impelem os mundos e supondo que o infinitamente grande determinado pelo infinitamente pequeno dos corpúsculos, a nova filosofia choca-se com as estruturas mentais vigentes.

Os novos subversivos não tardam, tanto na figura dos *livre-pensadores*, quanto na dos *libertinos*, na dos *céticos* ou na dos propugnadores da *religião natural*. Na Dublin do Berkeley estudante aparece em 1696 a obra de Toland – *Cristianity not Mysterious* – que pretende conciliar o espírito religioso com a nova filosofia, advogando um *teísmo* muito próximo do agnosticismo da religião natural. Consideremos a situação do pensamento filosófico no momento em que Berkeley desce à arena. Na Grã-Bretanha os eixos de discussão são a teoria do conhecimento, a filosofia natural, a filosofia política e a filosofia religiosa, renovada esta última pelo próprio Locke, contrapondo-se a Hobbes. Existem três correntes principais nesta época, dominando a filosofia religiosa inglesa. A primeira delas, o já mencionado platonismo de Cambridge, é a mais antiga e data de meados do século XVII, sendo herdeira de Bruno e do platonismo renascentista; os clérigos de Cambridge guardarão as tradições da cultura grega redescoberta na Renascença e serão profundamente antiescolásticos; seu platonismo será, antes de tudo, um racionalismo e para eles a razão é uma parcela da luz natural que Deus concedeu originalmente ao homem e que não foi obscurecida pela queda. Tal razão *é o fundamento necessário da religião e os dogmas desta serão, pouco numerosos, claros e acessíveis a todos*. Os primeiros nomes do platonismo de Cambridge são Henry More, que combaterá as idéias místicas de Jacob Bohëme ao serem introduzidas na Inglaterra e John Smith que, seguidor de Plotino, coloca, acima daquele que raciocina segundo as noções comuns, o entusiasta e no topo o contemplativo ou o intuitivo, que é incapaz de demonstrar logicamente a imortalidade da alma, mas que a percebe claramente, banhado que está por uma luz superior; o mais famoso pensador desta escola será o já mencionado Cudworth (1616-1688), também seguidor de Plotino e crítico tenaz do mecanismo, considerando, como Bruno, que todos os corpos do universo possuem algum grau de vida e que são as idéias e o mundo espiritual que possuem primado sobre a matéria. Locke, de um lado, valoriza tal pensamento por opor-se este à escolástica de Oxford; de outro, criticará asperamente esta escola no Livro IV dos *Ensaios*, como já vimos. O platonismo de Cambridge, assim, opõe-se visceralmente ao experimentalismo e ao atomismo, que considera como as *portas do ateísmo*. É paradoxal que Newton tenha sido um cambridgeano e até hoje muitos defendem que sua teologia e sua mística derivem desta influência. O platonismo de Cambridge situa-se pois na oposição aos novos sistemas filosóficos e apresenta-se como um guardião da religião e da ordem.

A segunda corrente da filosofia religiosa, denominada escola da *religião natural*, tenta compor a nova epistemologia e a nova ciência com a religião, modificando os dogmas de modo a adaptá-los à nova situação. Seu principal representante será Samuel Clarke (1675-1729), um clérigo londrino que manterá importante correspondência com Leibniz. Clarke é um ardente newtoniano que, não obstante, pronuncia várias conferências públicas contra o ateísmo que Boyle instituíra por testamento; destas conferências nasce o *Tratado da Existência e dos Atributos de Deus* (1705), que deverá: *"servir de resposta a Hobbes, Spinoza e seus sectários e onde a noção de liberdade é estabelecida e sua possibilidade e certeza provadas em oposição à necessidade e o destino"*. Ele tenta convencer os incrédulos pela razão e não pelos sermões e deixa de lado nesta tarefa não apenas qualquer menção à Revelação, como também as diversas provas da existência divina, utilizando uma *"cadeia seqüenciada de proposições logicamente ligadas"*, da qual se deduziriam todos os atributos de Deus; ele parte como Locke do princípio de que *"alguma coisa existe desde toda a eternidade"* e desta eternidade deduz os atributos divinos. Clarke considera os *Principia* de Newton como a melhor resposta aos materialistas e, em 1715, escreve a Leibniz: *"os materialistas supõem que a estrutura das coisas é tal que tudo pode nascer dos princípios mecânicos da matéria e do movimento, da necessidade e do destino; os princípios matemáticos da filosofia natural mostram, ao contrário, que o estado das coisas é tal que pode somente nascer de uma causa livre e inteligente..."*. Tal solidariedade apontada entre Newton e a religião natural marca época: uma das preocupações centrais em Leibniz é mostrar que mecanismo e atomismo admitem teísmo e liberdade. O esforço de Clarke, pois, é o de abandonar o lastro insustentável da Teologia e guardar apenas os pontos básicos que, graças às aporias de Newton, podem ser utilizados para a defesa da existência de uma divindade, já bem distante das idiossincrasias do velho Jeová: *compromisso* será a sua palavra-chave, e isto o indisporá tanto com a hierarquia do clero quanto com os livres pensadores.

A terceira corrente, mais matizada e complexa, é abrigada sob o rótulo de *livre-pensamento*, que mais tarde os enciclopedistas e os maçons imortalizarão emprestando ao termo forte conotação política. Esta corrente nasce, na Inglaterra, a partir de 1688 e no continente trinta anos depois. A Revolução Gloriosa, ao eliminar o absolutismo, ao reforçar o poder do Parlamento e limitar o poder real através da monarquia constitucional, é a primeira *revolução burguesa* a triunfar na Europa, embora suas conquistas permaneçam por algum tempo algo modestas. De qualquer forma a intolerância religiosa e o compromisso político do poder central com um dogma religioso particular tornam-se *insustentáveis* e a reivindicação da *liberdade de pensamento* passa rapidamente da aspiração aos fatos, mesmo que, às vezes, tal prática seja um tanto dissimulada. É assim que se desenvolverão rapidamente na Inglaterra várias seitas materialistas, ou *"mortalistas"* como se dizia então, baseadas na tradição de Hobbes e na interpretação radical da filosofia mecânico-atomista. Há matizes profundos entre estes pensadores, entretanto. O já citado Toland (1670-1722) desenvolverá a maioria dos temas que já nos habituamos a encontrar em Voltaire e nos Iluministas: diatribes contra os padres que se aliam aos magistrados civis para manter o povo na ignorância; denúncia da invenção de dogmas para manter o poder da casta sacerdotal, etc. Ao cristianismo complexo das Igrejas ele irá opor a simplicidade e a clareza do cristianismo primitivo dos Nazarenos, sinceramente centrado na ética e na razão e buscando a luz divina sem tradições nem padres; estas são as teses principais do seu livro acima citado, sobre um *cristianismo não misterioso*. Por outro lado o veremos, no seu *Pantheisticon*, enfrentar o problema da filosofia natural, posicionando-se a favor do mecanismo e de um mundo eterno que possui um movimento espontâneo, no qual não há lugar para o acaso e que faz do pensamento apenas uma *função cerebral*. O já citado Arthur Collins (1676-1729), no seu *Discurso sobre o Pensamento Livre*, protesta energicamente contra os absurdos contidos na Bíblia, contra os milagres que nada mais são que empulhações e contra o absurdo e a incoerência que representa a existência de uma casta de intérpretes oficiais destes desatinos, casta esta que, a pretexto de manter seu rebanho no reto caminho e de evitar as opiniões perigosas para a salvação eterna do homem, impede que este se sirva de seu julgamento e de suas faculdades para pensar. Em 1706, o teólogo Dodwell sustenta a tese de que *"a alma é um princípio naturalmente mortal e que é tornada imortal apenas pela vontade de Deus em punir ou recompensar o homem"* e é vivamente atacado por Clarke; Collins então escreve, em defesa do primeiro, o seu *Ensaio sobre a Natureza e o Destino da Alma Humana*, no qual mostra a união última entre o sensualismo e o materialismo: *"se o pensamento for uma conseqüência da ação da matéria sobre nossos sentidos, teremos todo o direito de concluir que ele nada mais é que uma propriedade ou afecção da matéria, causada pela própria matéria"*. Estamos finalmente nos antípodas do platonismo e em oposição radical a Locke. Os *livre-pensa-*

*dores*, nos diversos matizes do seu pensamento, opor-se-ão à religião oficial e ao tradicionalismo epistemológico, pugnando por um mundo dessacralizado, objetivo, regido por leis claras e inteligíveis, um mundo no qual a religião e os milagres pouco têm a fazer.

Na França do período é a decomposição do cartesianismo que caracteriza a cena filosófica. Malebranche (1638-1715) é o último cartesiano de importância e de influência. Tanto Leibniz quanto Locke e Berkeley, entrarão em relações pessoais com ele e com ele discutirão temas candentes da filosofia. No que diz respeito à teoria do conhecimento, Malebranche modifica em vários pontos a concepção cartesiana, de maneira significativa para entendermos o que ocorre com Locke e Berkeley. Descartes, ao separar a *substância pensante* da *substância extensa*, coloca-se inicialmente do ponto de vista de um idealismo subjetivo, que é abandonado assim que a dúvida metódica lhe permite o *cogito ergo sum* e a confiança na matemática como instrumento de descrição da extensão. Malebranche, embora mantendo a certeza instintiva na existência do mundo real, é mais crítico que Descartes, pois não supõe que é a própria consciência que nos fornece a certeza da realidade do mundo exterior: ela nos dá apenas a certeza do nosso próprio eu e uma *intuição* da realidade objetiva. O cognoscível para a alma consiste, em primeiro lugar, nas *verdades da matemática*, que podem ser demonstradas sem erro, e no *conhecimento de si* e em segundo lugar nas intuições que temos do mundo real, na medida em que estas são corroboradas pela ciência natural de base matemática. Desta forma, conheceremos os objetos do mundo exterior apenas quando pudermos determinar o seu *aspecto quantitativo*, transformando desta forma as *diferenças qualitativas* que nossos sentidos e impressões fornecem de primeira mão em *diferenças quantitativas de grandezas* que assim passam a ser de fato observáveis, pois as sensações, enquanto processos subjetivos, assim como os conteúdos psíquicos em geral, não podem propriamente ser medidos. O *autoconhecimento* assim não atinge o mesmo grau de precisão que *o conhecimento do mundo*, dado que a *precisão matemática* convém apenas ao segundo e uma precisão semelhante apenas pode ser estabelecida em psicologia quando se subordina o processo psíquico aos fatos exteriores (*estímulos*) e aos processos fisiológicos. A questão da *substância da alma* permanecerá, pois, fora do domínio da indagação científica, bem como a questão de se, por trás da extensão, oculta-se algo de substancial; desta forma, para Malebranche, as investigações propriamente epistemológicas e científicas são as que se limitam ao estudo dos fenômenos – psíquicos ou físicos – dados pela percepção e na formulação adequada das leis quantitativas às quais eles obedecem; depois dele, Bayle e Fontenelle deslocarão a filosofia cartesiana para reflexões éticas e teológicas, sem ressonância entre os contemporâneos.

A filosofia francesa só retomará a epistemologia atomista e mecanicista dos newtonianos bem como um novo e vigoroso ímpeto a partir de 1729, quando Voltaire (1694-1778) retorna do seu exílio na Inglaterra e, principalmente, depois do início da publicação da *Enciclopédia* em 1751 e da crise do sistema absolutista, datada da segunda metade do reinado de Luis XV, que governa a França entre 1715 e 1774; serão os Enciclopedistas, Diderot (1713-1784) e D'Alembert (1717-1791) principalmente, os responsáveis por tal viragem. A *Enciclopédia* se pretende um "*Dicionário Razoado das Ciências, das Artes e dos Ofícios*" e propõe em seus diversos artigos, uma visão de mundo tributária da *ciência*, do *livre pensamento*, da *crítica social* e da *incredulidade* e a sua influência, assim como a das obras de seus principais colaboradores, como Voltaire, Rousseau (1712-1778), Turgot (1727-1781) e Quesnay (1694-1774) entre outros, desempenhará um papel de primeiro plano na transformação social, política e intelectual do mundo europeu, na segunda metade do século XVIII. O próprio Diderot, pouco antes de sua morte, dirá que "*o primeiro passo para a filosofia é a incredulidade*"; tal processo culmina com a pura e simples avocação do materialismo em autores como Claude-Adrien Helvetius (1715-1771), cuja obra *De l´Esprit*, publicada postumamente, será apreendida e censurada na França e na maioria dos países da Europa; não obstante autores como ele, editados clandestinamente na Holanda, desempenharão um papel importante na formação das opiniões no momento revolucionário de 1789 e chegarão até mesmo, na Inglaterra, a fomentar um movimento de apoio aos eventos franceses, centrado nas figuras de Mary Wolstonescraft, a autora pioneira da *Vindications of the Rights of Women* e William Godwin que, em 1792, lançara a sua obra *An Inquirity Conceerning Political Justice*, uma defesa radical de uma epistemologia materialista aliada a uma não menos radical defesa do anarquismo.

Vemos assim que o pensamento de Berkeley – salvo alguma influência sobre Hume – estará destinado, pela força dos fatos, a fechar-se em si mesmo e a não produzir frutos imediatos. Sendo um *conservador* e não um *reacionário*, não servirá nem aos adeptos da Revolução de 1789 e nem aos que, a partir de 1792 com a Imigração, começarão a articular em escala européia a Contra-Revolução. Ele será um homem deslocado de seu tempo e o leitor deve ter este fato em mente ao percorrer a sua obra. Concentrar-nos-emos aqui em analisar seus primeiros escritos, os mais ligados com a proposta *imaterialista* e, portanto, com o texto dos *Diálogos* que em breve entreterão o leitor. Muitos autores detectam uma transição, na sua maturidade, para uma posição mais idealista e platônica, expressa na sua última obra, *Siris*[28], bem como uma mudança nos posicionamentos políticos, particularmente visível em seus escritos econômicos e políticos da maturidade, mas tal discussão nos arrastaria para bem longe da epistemologia.

Comentemos inicialmente o *Commonplace Book*, ressaltando que o nome escolhido pelo seu editor é particularmente infeliz, pois não se trata de meros extratos e apontamentos banais, mas sim de um verdadeiro esboço de obras posteriores e de um *diário íntimo* filosófico, onde as posições pessoais do autor são por vezes expressas de maneira muito mais sincera e radical do que nas obras impressas. A estrutura do trabalho é formada por pequenas notas, redigidas muito provavelmente entre 1705 ou 1707 e 1710, que, na sua maioria, servem de preparação ao seu *A Treatise Concerning the Principles of the Human Knowledge*, embora nelas possamos encontrar elementos que subsidiarão outras de suas obras. Assim, aí encontramos reflexões sobre física e filosofia que só serão publicadas, sob forma madura, uma década mais tarde. Ele dirá aí, por exemplo, que "... *não é minha intenção produzir uma metafísica totalmente conforme à maneira escolástica, mas antes desejo adaptá-la, em certa medida, às ciências para mostrar, por exemplo, como ela pode ser útil em óptica ou geometria...*". O projeto de juventude esboçado no *Commonplace Book*, não foi completamente realizado por Berkeley, mas seu alcance e significado geral mantiveram-se: uma das últimas notas destes cadernos nos diz que "... *tudo isto estará dirigido para a prática e para a moralidade, mostrando como tudo isto surge, em primeiro lugar, da demonstração da presença e da ubiqüidade de Deus e, em segundo lugar, da rejeição de todo o trabalho supérfluo em ciências...*", fato que nos mostra, quando iluminado pela leitura de suas obras posteriores, a notável fidelidade do autor aos princípios que lhe foram caros na sua primeira juventude. Não haverá em Berkeley nada da pesada máquina de guerra que opera em Clarke e Cudworth: não se trata de *combater*, mas sim de *argumentar* e de *ironizar*; o peso da *retórica* em sua

---

[28] - Ver, por exemplo, Peter WALMSLEY: *The Rhetoric in Berkeley´s Philosophy*, 1ª ed. Cambridge C.U.P. (1990).

obra será grande e os primeiros escritos de Berkeley exalam uma atmosfera feliz e ligeira que nos lembra os escritos de Malebranche.

A distância do cartesianismo é quase diametral; trata-se de valorizar a experiência dos sentidos e o senso-comum e não o recolhimento interior afastado do mundo: "... *Seria loucura, da parte dos homens, desprezar os sentidos: sem eles, o espírito não pode atingir nenhum saber e nenhum pensamento. Toda a meditação ou contemplação... que fossem anteriores às idéias recebidas do exterior pelos sentidos, seriam absurdos evidentes...*" diz a nota 328; da mesma maneira, ele considera o *cogito* cartesiano como uma tautologia ou como uma contradição, caso ele queira afirmar que nossa própria existência seja anterior à existência das coisas; Berkeley não confia igualmente na espiritualidade da matemática: "*A loucura dos matemáticos é a de não julgar as percepções sensíveis com o auxílio dos sentidos: nós recebemos a razão para um uso mais nobre*" diz ele, antecipando alguns argumentos contra o cálculo infinitesimal que publicará bem mais tarde. Berkeley vê, nas realidades fixas que Geometria pensa ter atingido, apenas percepções mutáveis, variando ao sabor dos eventos e do fluxo das percepções da consciência, distando muito, desta forma, do padrão de rigor que lhe é atribuído pelos cartesianos e pelos newtonianos: uma simples reta é, para o olhar, algo que muda conforme o ponto de vista; o tempo absoluto e uniforme de Newton é também objeto de suas críticas nestes escritos primevos e ele se perguntará porque, se o tempo flui uniformemente, os instantes de prazer nos parecem muito mais fugazes que os momentos de dor; ademais, do momento em que se admite a existência de uma substância eterna, seria justo perguntar se, em Deus, um dia não se assemelharia a um milênio, ou um milênio a um dia. Desta forma, a espiritualidade de Berkeley não será no seu início, nem a espiritualidade platônica nem a cartesiana, que considera a matemática como um passo fundamental para a inteligibilidade das coisas; será, ao contrário e muito estranhamente, uma espiritualidade nascida dos sentidos e da experiência, daquela certeza instintiva, talvez não demonstrável, que temos de nós mesmos e que já vimos operar em Malebranche, um espiritualismo alicerçado em idéias que, como quer Locke, são geradas no espírito por algo exterior a ele. Não obstante, o ponto que Berkeley tentará mostrar, para diferenciar-se de todos estes pensadores é que *este algo externo ao sujeito, este substrato das sensações e das experiências* **não existe sem sujeito de conhecimento**; por tal motivo é que, para ele, *ser é ser percebido*. Tentaremos mostrar que esta entorse que busca extrair o fundamento do idealismo nas sensações, só é possível pela utilização da retórica e que ela responde, antes de tudo, a necessidades éticas e políticas de um pensador atormentado pela derrocada de um mundo que aprecia e no qual crê e que, contudo, está perempto.

É em tal estado de espírito que Berkeley aborda, em 1708, a redação de sua primeira obra: *An Essay Towards a New Theory of Vision*, publicada em 1709. Curiosamente, neste escrito ele evita a introdução explícita de seu *imaterialismo*, mas o tema escolhido e o próprio título não nos enganam sobre a mira e o escopo do trabalho: Descartes e sua óptica. É bem conhecida a passagem da *Dióptrica* de Descartes (publicada em 1637), relativa à explicação da teoria mecânica da visão. Relembremos que este texto é o segundo tratado de aplicação dos preceitos do *Discurso do Método*, que é precedido pela *Geometria* e seguido pelos *Meteoros* e que nele Descartes estuda o percurso dos raios luminosos, a reflexão e a refração, bem como o mecanismo da visão e outros efeitos da luz; ele na passagem mencionada compara o ato da visão à operação mecânica que um cego poderia empreender através de dois bastões de mesmo comprimento seguros em cada uma das mãos, que faria chocar-se contra um determinado objeto; pela abertura relativa de seus braços ele poderia avaliar a distância do obstáculo: quanto mais agudo o ângulo entre os bastões, mais distante está o objeto e vice-versa. Da mesma forma os olhos, separados por uma distância fixa, conseguem avaliar a distância na qual se encontra um determinado objeto, pelo *ângulo* entre dois raios luminosos emitidos pelo mesmo ponto do objeto e incidentes em cada uma das retinas. O escopo de Descartes aqui é claro: trata-se de fazer convergir uma operação mecânica, através do sentido do tato, e uma sensibilidade em aparência imaterial como é a dos olhos à luz, através de procedimentos quantitativos (medidas de ângulo e comprimento), apelando para um senso geométrico inato no ser humano. Os sentidos assim nos reportariam, mais ou menos fielmente, uma informação devida às *propriedades objetivas da substância extensa,* tal como a distância que separa o cego de um calhau, dada pelo ângulo percebido por seus braços é perceptível pelo fato da matéria ser *dura* e *impenetrável. A coincidência dos testemunhos dos sentidos* aponta para a objetividade da propriedade considerada da substância.

Berkeley assim terá como primeira tarefa demolir tais certezas, mostrando *o que a visão não é*. A primeira questão será: basta abrir os olhos para captar, pela visão, os objetos exteriores, as coisas materiais com suas grandezas próprias, separadas por distâncias determinadas e constituindo um mundo totalmente apartado do espírito? Admitindo-se a convergência do testemunho dos sentidos e do mecanismo cartesiano a separação nítida entre *espírito pensante* e *substância* torna-se muito plausível. Neste texto, portanto, ao optar pela negativa na resposta à pergunta acima colocada, Berkeley mostrará faceta importante de suas querelas com os matemáticos – querelas que desenvolverá duas décadas mais tarde, em 1734/35, com a publicação do *The Analyst* e de *A Defence of Free-Thinking in Mathematics* – e sua rejeição ao pensamento racionalista: a defesa do senso comum e da religião, mais uma vez, será a meta. A óptica e a geometria cartesianas, exemplos importantes do *método* que constituirá – juntamente com a contribuição galileiana e o desenvolvimento newtoniano – a base da epistemologia que ele deverá combater, demonstraram-se sucessos notáveis, permitindo a criação de novos métodos de cálculo e de novos instrumentos técnicos e científicos – luneta, telescópio e microscópio, por exemplo – e todas estas invenções diabólicas tinham uma coisa em comum, mostravam claramente que a realidade poderia não ser aquilo que aparentava. Como já disse Bertrand Russell: *"o realismo ingênuo nos conduz à física e esta, se verdadeira, nos mostra que o realismo ingênuo é falso"*; aí reside o perigo: mostrar coisas plausíveis a partir do senso comum e, a partir destas demonstrações, mostrar que o próprio senso comum pode nos enganar, ou seja, *fazer a crítica do senso comum a partir de suas próprias evidências* é um passo muito amplo e temerário em direção ao *ceticismo*, que uma vez instalado no campo epistemológico, pode facilmente alastrar-se para o campo ético e metafísico. O atomismo e o empirismo tinham herdado, como vimos, dos gregos, o conceito das *propriedades primárias* e das *propriedades secundárias* dos objetos. Locke, por outro lado, havia sutilmente deslocado a questão de se indagar a verdade sobre o mundo externo através da experiência, considerando como elementos desta certeza empírica *as idéias geradas a partir dos sentidos no sujeito de conhecimento* e Malebranche por sua vez tinha salientado o papel desempenhado pelo espírito na transformação das sensibilidades em conhecimentos objetivos da substância extensa, através do conceito de *fenômeno*: de certa forma, o caminho de Berkeley será aberto por estes pensadores, que defendem, não obstante, opiniões bastante diversas da sua. Note-se que com o atomismo ocorre coisa diferente: são os próprios fenômenos perceptíveis que têm que se explicar por uma realidade ao mesmo tempo mais fundamental e de acesso mais difícil. O fato de uma teoria ser impalatável não fornece fundamento para que seja rejeitada e isto Berkeley, como leitor assíduo de seus adversários, o sabia muito bem; nutrido também pelo exemplo de Clarke, sabia que para demonstrar o erro da filosofia corpuscular não poderia simplesmente obstinar-se em manter o *status-quo* filosófico anterior à emergência deste pensamento subversivo, como tolamente o tentaram fazer Roma, os jesuítas e a Inquisição ibérica; mais ainda, ele sabia muito bem que a filosofia corpuscular, *prima facie*, era condizente com a evidência empírica acumulada pelos pesquisadores, mesmo que conflitante por vezes com o senso comum e que, partindo do mesmo senso comum, este novo pensar conduzia por si só a uma ampla crítica sobre o conteúdo dos dados empíricos. Berkeley, pois, não forçou a situação: seu problema era, a partir dos esforços de Locke, preservar o bebê do senso comum, lançando fora a água atomista do seu banho, mas ele estará preparado – como o mostra a segunda obra – para, discretamente, lançar fora bebê e água se as circunstâncias assim o impusessem.

O argumento de Berkeley contra Descartes é bastante complexo, mas pode ser resumido em três etapas principais:

i) em primeiro lugar ele dirá que gente sem o menor conhecimento de geometria, consegue avaliar a distância relativa entre objetos assim como as pessoas mais versadas. Este argumento não é muito convincente, porque Descartes assume um senso geométrico inato nas pessoas;

ii) a segunda etapa do argumento é mais substancial: Berkeley dirá que *"as linhas e ângulos aos quais Descartes se refere não possuem existência real na natureza, sendo apenas uma hipótese criada pelos matemáticos"*. Este argumento é interessante pois nos mostra que o jovem Berkeley já considera que os matemáticos estão inclinados a operar com entidades fictícias, ponto este que será o fulcro de seus argumentos contra os infinitésimos e a nova matemática, que surgirão na sua obra mais madura. É difícil, entretanto, admitir que a posição cartesiana possa ser contestada desta forma;

iii) O terceiro constituinte do argumento anticartesiano de Berkeley é uma proposição que ele empresta da *Dióptrica* de William Mollyneux, publicada em 1692, segundo a qual *a distância em si, não é imediatamente vista*. Berkeley adota esta proposição e tenta suportá-la pelo argumento de que como a distância é o comprimento de uma linha que, partindo de um determinado ponto de um objeto, atinge a retina em um outro ponto determinado, que é o mesmo quer o objeto esteja próximo ou afastado, não há como o olho perceber diretamente a distância, de modo que esta não pode ser vista.

Desta forma, segundo Berkeley, o que é visto pelo ser humano? A resposta não é muito clara, mas ele dá a entender que a visão imediata das coisas é apenas bidimensional e que contêm somente as noções de "acima", "abaixo" e as "lateralidades", sem relação, portanto, com a terceira dimensão. Desta forma a relação entre aquilo que é imediatamente visto e a percepção da distância entre objetos é contingente e não necessária. A distância, segundo ele, nos deve ser assegurada por algum outro processo e ele desenvolverá todo um longo argumento para demonstrar que é o *tato* o responsável pela nossa apreciação das distâncias. Tal argumento, entretanto, mais uma vez, não será analítico, mas sim retórico. Na verdade o objetivo de Berkeley aqui será bem outro. Na terceira edição do *Essay*, que ele publicará quase que simultaneamente ao *Alciphron* em 1732, Berkeley nos dirá que os objetos da visão são, na realidade, uma linguagem visual divina, pela qual Deus nos ensina *quais coisas são boas para nós e quais são nocivas*.

Recordemos que, desde Francis Bacon, a nova filosofia vinha denunciando a linguagem como um "*ídolo do mercado*", ou seja, denunciava a nebulosidade e a imprecisão da linguagem metafísica tradicional e o compromisso da escolástica com termos vazios e confusos, ou com argumentos que envolviam acepções distintas do mesmo termo, mesclando lógica e preconceitos. Já frisamos acima que esta nova filosofia adotará em conseqüência novas formas e estilos de discurso, buscando cada vez mais a exatidão e o rigor. Espinosa, na sua *Ética* escrita *more geométrico*, é neste caso exemplar, mas o próprio Locke dedicará, como vimos, todo Livro III de seu *Ensaio* para propor uma reforma na linguagem técnica do pensamento filosófico, com especial ênfase na *clareza* e no *rigor* do vocabulário empregado, fazendo com que o discurso filosófico mantenha-se restrito às três finalidades da linguagem, que seriam "*primeiro, dar a conhecer os pensamentos de um homem a outro; segundo, fazer isto com tanta facilidade e agilidade quanto possível; terceiro, fazer com que, por tal intermédio, o conhecimento convenha às coisas. A linguagem será abusada ou deficiente, quando falhar em cumprir um destes quesitos*". (*Ensaio*, III, Cap.10 n. 23). Poderemos encontrar preocupações semelhantes com a clareza, a univocidade e o rigor da linguagem filosófica em Hobbes ou Descartes. A nova linguagem científica e filosófica deverá pois manter as palavras em estrita correspondência com as coisas e com as "*idéias claras e distintas*" que delas fazemos. De tal posição deriva uma atitude fundamentalmente contrária à utilização da retórica e da eloqüência em ciência e filosofia, que igualmente já ressaltamos.

Berkeley utilizará tal exigência mui sutilmente em sua obra, muitas vezes declarando formalmente a sua adesão a tal princípio, mas utilizando na sua argumentação recursos retóricos para ocultar a sua fuga à rigorosa analítica necessária para contestar seus adversários. A matemática constitui-se, como já vimos, na ferramenta lingüística *por excelência* da nova ciência e em *paradigma lógico* do novo pensar. Berkeley em várias ocasiões, e agora começamos a perceber porque, insurge-se contra isso, classificando a matemática e os matemáticos de vãos, imprecisos, absurdos e abstratos. Em plena discussão sobre a heterogeneidade dos objetos da visão e do tato, na obra que agora analisamos, ele interrompe-se para dizer que "*Ao se tratar de tais coisas o uso da linguagem é propício a ocasionar alguma obscuridade e confusão e a criar em nós idéias erradas, pois a linguagem acomodou-se às noções comuns e aos preconceitos dos homens e é muito difícil que ela entregue a verdade nua e precisa sem grandes circunlóquios, impropriedades e contradições semelhantes*". Se a linguagem natural é confusa e a matemática é inepta para nos traduzir a verdade sobre nossas percepções o que nos resta? Apenas a mercê de Deus e a luz divina. É Ele quem nos mostra nas "coisas" as diferentes assinaturas que nos encaminham para a verdade. Não é a vaidade do homem com suas pretensões ao rigor, nem o ceticismo ou o materialismo atomista que nos desvelam a verdade, mas apenas a substância espiritual de Deus. Será falso e nos conduzirá ao mau caminho o conceito de que existe algo mais fundamental, que não percebemos diretamente, que nos é dado pelo trabalho do espírito humano, através da experiência mensurável e da matemática. A ciência natural, para Berkeley, será *descritiva* portanto e não *explanatória* e deverá descrever apenas as *nossas percepções*. É por esta razão igualmente que ele irá dizer que as coisas vistas são os elementos de uma linguagem divina.

É esta a razão profunda que o faz contestar, contra toda a evidência disponível ao seu tempo e com argumentos longos e especiosos, a óptica cartesiana, e que o leva a dizer que na verdade nós não vemos as distâncias. É necessário para ele *separar radicalmente* a *visão*, que no imaginário medieval e renascentista – desde Dante e de São Bernardo – sempre foi associada à *luz*, à *elevação* e à *divindade*, do *tato*, associado à matéria, à grosseria e à escuridão. Ele dirá que o tato é impreciso e vago com relação à visão e que, por esta razão, aquilo que julgamos ser distância é apenas apreendido depois de experiências reiteradas de ver e tocar coisas que nos estão próximas; é apenas a partir desta associação de idéias que assim adquirimos, que podemos atribuir à nossa visão de objetos longínquos que não podemos tocar, algo mais que o quadro bidimensional fornecido por nossas retinas. A argumentação de Berkeley neste ponto é sutil e sua linguagem imprecisa. Para firmar o argumento que resumimos, ele cita o exemplo de um homem cego de nascença ao qual subitamente fosse restituída a visão, perguntando-se se tal homem, no seu novo estado, veria coisas distantes: sua resposta é obviamente negativa, pois para tal homem as coisas mais distantes *"pareceriam estar em seus olhos, ou melhor, em seu espírito"* e a ele apareceriam como *"um novo conjunto de pensamentos e sensações, cada um dos quais dele tão próximo como as percepções de dor ou prazer, ou as mais íntimas paixões de sua alma"*. Notemos como Berkeley confunde "proximidade" no sentido geométrico com "proximidade" no sentido psicológico de intimidade, notemos como ele passa rapidamente daquilo que está *"em seus olhos"* para aquilo que está *"em seu espírito"* violando sutilmente as regras lockeanas do claro pensar. Isto tudo para que ele possa separar radicalmente aquilo que é visto daquilo que é tocado e para que possa concluir que é absurdo supor que podemos ver aquilo que tocamos e que podemos tocar aquilo que vemos. É com tal argumento retórico e não analítico, que ele pretende contestar Descartes e separar as coisas vistas, associadas à linguagem divina, das coisas tocadas, grosseiras e imprecisas. A *Nova Teoria da Visão* seria, desta forma, uma maneira de desacreditar as conseqüências práticas da óptica cartesiana e assim subtrair um alicerce ao materialismo, bem como uma maneira de aproximar o pensador correto de Deus.

## VII

Analisemos a obra que entreterá o leitor. Berkeley chega em Londres em janeiro de 1713, com o manuscrito dos *Três Diálogos entre Hylas e Filonous* na bagagem. A obra virá a lume em maio; em 1725 será reimpressa em Londres; uma nova edição revisada será publicada em 1734 como o apêndice da 3ª edição do *Treatise*. Nas edições que Berkeley prepara, será assim apresentada e, em 1776, aparece em Londres, como um texto separado. Em 1871 é incorporada à edição das obras completas do autor, preparada por Fraser e em finais do século XIX, mais duas edições em volume separado ocorrem: uma de 1893, em Calcutá e outra em 1897, em Alabad. Como no *Treatise*, as traduções da obra serão tardias: a primeira foi para o francês (Amsterdam, 1750) e depois veio a alemã (Rostock, 1756). Desde então houve novas traduções para o francês, o alemão, tcheco, italiano, polonês e norueguês. A documentação original sobre os *Diálogos* é mais escassa que a das obras precedentes, mas mesmo assim se pode afirmar que a obra, ao contrário do esperado, atraiu pouca atenção do público na sua primeira edição pelos mesmos motivos já discutidos na análise do *Treatise*. Ao que podemos hoje constatar, o pequeno círculo que, por esta época, conhecia o trabalho de Berkeley não achou o livro atraente nem provocativo, apenas insólito. Quase não há referências críticas contemporâneas à obra, que seria mais tarde considerada como uma das jóias do pensamento inglês do século XVIII: a sua primeira resenha aparece em 1715 no *Journal Literaire* de Haia e a *Acta Eruditorum* de Leipzig toma conhecimento dela somente em agosto de 1727. Este trabalho foi encetado na tentativa de popularizar a doutrina contida no *Treatise*; uma análise da correspondência de Berkeley e de outros documentos íntimos desnuda-nos a intenção de lançar controvérsia e de procurar discussão, mas nenhum destes objetivos é atingido de imediato e Berkeley terá que restringir suas polêmicas aos artigos de jornal contra os livre-pensadores, como vimos em seu resumo biográfico. Ele não é homem de se intimidar com reveses e enfrentará estes relativos fracassos com bom humor e vontade firme. O *Treatise*, embora incompleto, será, do ponto de vista técnico, a mais ampla e cuidadosa exposição da sua doutrina, uma primeira tentativa de exposição que, ao mesmo tempo, é um compêndio completo de seu pensamento, mas que não conquistará de início nem corações nem mentes, que não trará nenhum tresmalhado de volta ao aprisco religioso e que nem conseguirá pôr freio à "permissividade" nas crenças e na conduta da gente; a obra sequer conseguirá, de imediato, mover o cálamo dos eruditos em seu favor ou ao seu combate!.. A estratégia de redação dos *Diálogos* parece ter sido assim ditada, em parte ao menos, por razões circunstanciais: ao contrário das suas outras obras, não há menção à ela no *Commonplace Book* e a sua súbita viagem do autor para Londres certamente indica um ímpeto novo e forte de fazer ressoar seu pensamento em um ambiente mais propício e cosmopolita.

Não devemos, pois, esperar nenhum novo desenvolvimento do imaterialismo nos *Diálogos*: Berkeley embarca para a Itália em 1714, com a segunda parte do Treatise sendo forjada e retorna à Inglaterra em 1720, com o *De Motu* já escrito – tal menção basta quanto à doutrina; embora sendo, parcialmente, obra de circunstância, os *Diálogos* não são desimportantes ou descuidados. De qualquer forma, com eles Berkeley investe em uma audiência mais ampla para as suas idéias, atingindo não apenas os eruditos, mas o público letrado em geral; esta mudança de foco comandará a estrutura da obra na sua forma literária e no seu conteúdo: podemos notar que todos os pontos do *Treatise* que não podem ser discutidos sem grande desenvolvimento técnico na forma dialógica, são simplesmente excluídos, ao mesmo tempo em que concessões pedagógicas são feitas ao "preconceito" do público: um exemplo interessante destas últimas ocorre no Diálogo I quando o argumento contra a realidade externa das qualidades sensoriais assume a existência das próprias coisas materiais. O estilo dialógico não é mero ornamento, embora Berkeley seja um escritor cuidadoso e elegante, mas antes uma ferramenta: nos diálogos ele, que é igualmente um bom polemista, encontra-se em um elemento mais apropriado para desenvolver sua verve e sua oratória, tornando sua argumentação mais ágil e viva, ao mesmo tempo em que o jogo de posições, contraposições, recuos aparentes e reconsiderações instila, de maneira mais sutil e palatável, algumas de suas teses no espírito do leitor. A forma dialógica permite igualmente que ele selecione melhor as objeções a responder contra sua doutrina e que afaste sutilmente as objeções que outros filósofos e físicos ergueriam contra ela, caso usasse argumentação mais analítica. O próprio sir John Percival percebe isto de imediato; em uma carta à Berkeley, datada de 18 de julho de 1713, ele diz: "*li vosso último livro muitas e muitas vezes e, penso, com maior aplicação do que tinha lido os outros. Fiquei satisfeito com o novo método que escolhestes, pois ele torna vossos significados muito mais fáceis de ser compreendidos; este seria o curso mais apropriado que poderíeis adotar em tais argumentos, aonde os preconceitos contra a novidade seguramente ergueriam inúmeras objeções que não poderiam ser expostas e respondidas tão facilmente quanto em um diálogo. Não é comum, em homens possuídos por uma nova opinião, erguer tantos argumentos contra ela como o fizestes; seja por ingenuidade, seja por parcialidade para consigo mesmos, eles não querem ver suas noções iluminadas por tantas luzes para serem consideradas; talvez porque estejam cegos, não percebem o peso e o número das razões contra eles; eu falo, entretanto, com toda a sinceridade: estou tão surpreso pelo número de objeções que erguestes quanto pelas respostas satisfatórias que posteriormente destes e declaro que estou muito mais próximo de vossas opiniões do que antes estava*".

A comparação dos *Diálogos* com o *Treatise* é instrutiva. Notamos de início uma omissão marcante: a Introdução ao *Treatise* não se acha refletida nos *Diálogos*, ou seja, é toda a sua crítica, hoje famosa, às "idéias abstratas" que nos falta na forma popular e dialógica. Isto não indica esmorecimento doutrinário, pois no Diálogo I, por exemplo, somos advertidos que a extensão em si, sem especificação sensorial, é uma abstração ilícita. Trata-se de um cuidado pedagógico e estilístico: seria cansativo discorrer longamente sobre o conteúdo da linguagem, a ocultação das idéias pelas palavras, etc., sem apontar claramente uma meta à discussão; os elementos do "pacto" que analisamos, ao contrário, destacam-se claramente no início da obra; notemos igualmente que, ao postar os interlocutores quase que imediatamente *in media res*[29], Berkeley capta rapidamente a atenção do leitor: "*H: Fico feliz em verificar que o que ouvi sobre ti não é verdade; P: Por Deus, o que ouviste? H: Foste apresentado, na conversa de ontem, como **alguém que sustenta a opinião mais extravagante que já adentrou a mente humana**[30], a de que não há algo como 'matéria' no mundo*". Os *Diálogos*, contudo, não cobrirão o conteúdo integral da Parte I do *Treatise*: eles correspondem apenas ao conteúdo exposto, grosso modo, nas seções 1-84 da obra que correspondem, na partição que expusemos acima, à "axiomática" do imaterialismo e à defesa das "objeções" que poderiam ser erguidas contra ele e que são tratadas em profundidade; as conseqüências que podem ser extraídas desta doutrina são tocadas muito levemente, principalmente as discussões excessivamente técnicas sobre os novos conteúdos a atribuir à Física e à Matemática. Alguns analistas interpretam a não existência de um tratamento aprofundado das conseqüências do imaterialismo nos *Diálogos*, ao fato de Berkeley – no momento em que os escreve – estar ainda envolvido com a redação da Parte II do *Treatise*, onde as conseqüências éticas e teológicas de sua doutrina – para ele sem dúvida as mais importantes – seriam desenvolvidas com amplitude. Nos *Diálogos*, a crítica às qualidades primárias e secundárias ocupa um posto de destaque, muito embora – uma vez mais, ainda – seus argumentos não sejam sólidos do ponto de vista físico; é possível que Berkeley considere esta crítica como mais assimilável e como uma "porta de entrada" que dê acesso à plenitude de sua doutrina ao leitor não especializado. As discussões sobre o espírito e a mente são especialmente interessantes, principalmente a sua prova da existência de Deus, que ele aqui reformula. No *Treatise* Deus era, como vimos, a *causa* de nossas percepções e apenas

---

[29] - Note o leitor que é na quarta resposta de Filonous que o tema imaterialista é introduzido.

[30] - Grifo nosso.

70

incidentalmente Ele seria um *sustentáculo* das coisas sensíveis quando estas não são por nós percebidas; nos *Diálogos* o argumento inverter-se-á: Deus precisa existir para garantir a existência contínua do mundo corpóreo, sendo agora a causa e o sujeito permanente da ordem natural; com tal argumento, Berkeley, *malgré lui*, talvez para dar maior verossimilhança ao leitor, aproxima-se de Descartes. Nos *Diálogos* igualmente, Berkeley enfatizará as diferenças de suas concepções com relação às de Malebranche, posto que alguns dos leitores contemporâneos tinham visto em seu sistema uma extravagância que consistia em radicalizar unilateralmente as posições do pensador francês.

Comentemos agora o conteúdo dos *Diálogos*. Estes se dão em três manhãs consecutivas, provavelmente no pátio de uma universidade, entre dois personagens que agora definiremos: *Hylas* que representa um leigo suficientemente educado e mais ou menos atualizado nas teorias científicas e filosóficas e que acredita na existência do mundo material e *Phylonous* que representará que o ponto de vista de Berkeley. O nome *Hylas* é uma transliteração do grego $\upsilon\lambda\eta$ (*hülê*), que originalmente designava o *tronco das árvores robustas* e que depois generalizou-se para designar um *bosque* ou a *madeira* em geral; no vocabulário técnico de Aristóteles o termo é utilizado para designar a *matéria-prima* em oposição à *forma*, ou seja, designa aquele substrato passivo e obscuro que constitui a base das coisas naturais e que nelas se transforma uma vez animado pela forma: é esta acepção que a Escolástica guarda do termo e Berkeley o utiliza, com intenção um tanto irônica e pejorativa, designando o *Materialista*. Já *Phylonous* é uma fantasia que se compõe a partir de dois nomes gregos $\varphi\iota\lambda\circ\varsigma + \nu\circ\upsilon\varsigma$ (*philos + noús*) = $\varphi\iota\lambda\circ\nu\circ\upsilon\varsigma$ = $\Phi\iota\lambda\circ\nu\circ\upsilon\varsigma$; *philos*, como se sabe, é um substantivo que indica o *amigo*, ou alguém que *gosta* (é *amante* de) alguma coisa; já o vocábulo *noús* é de mais difícil tradução: ele pertence à língua grega mais arcaica, tendo caído em desuso na época clássica; é usado por Homero e faz parte do vocabulário técnico dos filósofos pré-socráticos; é habitualmente traduzido por *espírito*, embora tal tradução deva nos deixar cautelosos, pois nem se trata aqui da *alma*, ou da *alma humana*, que é dita em grego *psyqué*, um substantivo que originalmente denotava a *borboleta* e que, como Erwin Rohde nos mostra, já ao tempo da redação da Odisséia, começa a designar a alma[31], nem o espírito, no

---

[31] - Talvez devamos ver aqui uma influência do pensamento egípcio que atribuía três "almas" ao homem e aos deuses, duas delas bem conhecidas e com importantes funções teológicas e cosmológicas: o *ba* e o *kha*. O *ba*, geralmente associado ao sopro vital, é

sentido de um fluído animado e sutil que neste caso é dado pela voz *pneuma*; o *noûs* seria uma espécie de Inteligência ou de Intelecto incorpóreo e impessoal, uma *força intelectual* se quisermos, mas que não se confunde com o conceito mais conhecido de *logos*. Se quiséssemos uma comparação, deveríamos procurá-la no *Spiritus Mundi* dos magos-alquimistas alemães do Renascimento (Agrippa, Paracelso ou Kunrath), mas sem a carga dramática deste personagem. Desta forma os *Três Diálogos entre Hylas e Phylonous*, seriam, algo ingenuamente, os *Três Diálogos entre a Matéria e o Espírito* ou, sofisticadamente, *Os Debates entre a Matéria e a Inteligência Universal*. O local dos diálogos assim como a condição e a idade dos personagens não são indicados com clareza, as referências às tulipas, às cerejas e à fonte, entretanto, supõem um jardim fechado; seu momento é a manhã e a época, se fiarmo-nos nas indicações esparsas, é a primavera.

O Diálogo I concentra-se em mostrar que não há objetos dos sentidos nem nada parecido, fora da mente. As coisas "corpóreas" são idéias e a crença na substância material implica na negação da realidade das coisas sensíveis. O argumento é complexo; acompanhando o ágil ritmo do diálogo, poderemos resumi-lo nas seguintes etapas: em primeiro lugar há a crítica da distinção entre qualidades primárias e secundárias; as qualidades secundárias são "idéias" em sentido aparentemente lockeano (objetos da mente e não representações), não propriedades de coisas que estão fora da mente e que são destituídas de espírito; o calor, os gostos e os odores são inseparáveis do prazer e da dor, eles são igualmente relativos ao estado e à posição do perceptor, assim como os sons e as cores, e mudam de acordo com o perceptor, mesmo quando as supostas coisas externas permanecem imutáveis (aqui, como ressaltamos, implicitamente Berkeley assume o mundo exterior no argumento imaterialista). Berkeley, a seguir, ataca a questão das qualidades primárias, dizendo que elas também são idéias, que são relativas a quem percebe, como facilmente pode

---

representado por um pequeno pássaro de face humana, que pode vagar no espaço – explicando assim sonhos, síncopes e desmaios – e que abandona o corpo depois da morte, podendo visitar nesta forma e periodicamente o seu antigo o corpo mumificado ou uma imagem que o represente. O deus grego Hermes, com muitas afinidades com o egípcio Toth, tem como uma de suas principais funções o posto de *Psicopompo*, ou seja, é o condutor da procissão das almas dos recém-falecidos para o Hades. De qualquer forma a analogia da borboleta com o pequeno pardal que representa o *ba* no Egito é bastante forte para tornar a hipótese plausível.

se ver na grandeza e nas formas, bem como na percepção do movimento e da solidez; algumas abstrações delas são completamente impossíveis, bem como as das propriedades secundárias, entre tais abstrações "primárias", convém citar a idéia absoluta de extensão e a idéia absoluta de movimento, de modo que não há nada que seja independente da mente e que também se assemelhe a uma "idéia". Na sensação, não podemos distinguir um ato da mente de um objeto externo, pois na sensação somos passivos e o objeto, para nós, será sempre uma qualidade sensível e mutável. As qualidades sensíveis não necessitam do conceito de substância material como seu correlativo; este último conceito é, aliás, incoerente pois é uma definição distinta de todos os seus acidentes e portanto a substância não pode, literalmente, estar sob os seus acidentes e, mesmo no sentido figurado, este conceito não tem sentido, sendo impossível pensar uma coisa sensível de maneira independente do espírito. Com relação aos mecanismos da percepção, nós não vemos, realmente, as coisas externas como um dado que subsistiria fora da idéia: a idéia não é um *algo*, mas sim um *algo percebido*. A existência das coisas materiais como coisas independentes e origem dos objetos dos sentidos não deve ser permitida nem mesmo como mera possibilidade porque, sendo estas coisas, por hipótese, estáveis e insensíveis, não podem corresponder às idéias que são mutáveis e sensíveis. Concluindo o diálogo Berkeley nos dirá que, como nem os objetos sensíveis nem nada semelhante a eles pode existir independente do espírito; o ponto de vista comum de que a realidade destes objetos consiste em algo material sem relação com a mente é que de fato é cético para com a realidade do mundo sensível e não o ponto de vista que assume que a realidade destes objetos consiste simplesmente no fato de serem estes percebidos.

O objeto fundamental do Diálogo II é a "causa" das idéias e ele é construído para mostrar que somente Deus explica o mundo sensível: as substâncias materiais nada explicam e sua existência é uma impossibilidade. Berkeley começa ajustando suas contas com Descartes e Locke primeiro e depois com os materialistas, dizendo que não há explicação fisiológica possível para as "idéias". Esta pretensa explicação admite necessariamente a hipótese inconcebível da matéria atuar sobre o espírito. O cérebro, de qualquer forma, é um complexo de idéias e não pode de *per si* ser causa de outras idéias; a única explicação admissível para a existência das idéias é uma *mente infinita*. O mundo sensível é real porque não é *imaginado*, mas sim *dado* e portanto, para que exista, é necessário que

73

seja percebido como objeto sensível; inferimos assim que deve existir uma outra mente que o perceba como *sujeito permanente*; para dar conta da vastidão, da complexidade, da regularidade e da beleza do mundo, esta outra mente que inferimos precisa ser infinitamente poderosa, sábia e boa e este ponto de vista é distinto do de Malebranche que *"vê todas as coisas em Deus"* mas que supõe uma matéria que é absoluta, que admite que os sentidos possam nos enganar e que constrói a sua filosofia sobre idéias "abstratas". A seguir Berkeley quer nos mostrar que a substância material não pode ser inferida das "idéias"; seu argumento aqui não é simples, resumamos as etapas principais: a substância material, mesmo que subordinada a Deus, não pode ser causa e operar através do movimento, pois sendo material não pode produzir uma experiência e sendo inerte como matéria nada pode produzir; o próprio movimento, aliás, é uma idéia e a única atividade possível – e portanto a única causa – reside na volição. A substância material, da mesma forma, não pode ser um instrumento de Deus porque, sendo inerte, não possui propriedades ou poderes perceptíveis e não pode atuar; ademais um instrumento é necessário quando a simples volição não basta e não podemos dizer que a vontade de Deus tenha limites. A substância material, da mesma forma, não pode ser ocasião de nada porque as regularidades da Natureza são explicadas direta e suficientemente pelo poder e pela sabedoria de Deus. A substância material nem ao menos pode ser uma entidade abstratamente possível, posto que não pode ser percebida, nem inferida e não possui quaisquer atributos. A substância material não é necessária para dar conta da realidade das coisas sensíveis porque esta é suficientemente demonstrada através da percepção e não pode ser provada supondo-se originais insensíveis. Desta maneira, a substância material é impossível por que o termo designa algo de autocontraditório (um corpóreo que seja sensível ou um inerte causativo) ou simplesmente trata-se de mera inexistência.

O Diálogo III trata de uma miscelânea de objeções que podem ser levantadas à doutrina exposta. Nos dois primeiro diálogos, de modo geral, Phylonous interroga e Hylas responde; aqui a situação inverte-se. A primeira parte deste diálogo resume tais objeções ao imaterialismo; a seguir estas são discutidas mais detidamente. Comentemos algumas destas objeções: em primeiro discute-se que o argumento contra a substância material deveria valer para a substância espiritual – a resposta é obviamente negativa, pois não há paridade nas "idéias" de ambas substâncias: a idéia de substância material é autocontraditória ou vazia ao passo que a da substância espiritual é ancorada na experiência. A segunda objeção nos diz que se o ser das coisas sensíveis fosse o mesmo que a sua percepção, seria um lugar comum distingui-los e as coisas sensíveis não teriam existência fora de uma mente que as perceba, não havendo assim mais distinção entre a realidade e a imagens desta. Phylonous nos diz que todas estas conseqüências são equivocadas: o homem comum acredita na existência das coisas sensíveis apenas porque as percebe, o imaterialista nega apenas a sua existência independente de uma mente qualquer. A seguir Hylas argumenta que é paradoxal denominar as coisas de "idéias" e Phylonous concorda, mas diz que isso é necessário porque indica uma relação necessária para com a mente. A objeção seguinte nos diz que negar as causas físicas é extravagante e que isso faz de Deus o autor de todos os pecados que possuam expressão física. A resposta é que isso não é mais extravagante que a teoria que faz de algo inerte e sem espírito a causa de nossas percepções e o argumento do pecado apareceria igualmente se Deus operasse através da matéria; o imaterialismo, contudo, declara que não é Deus, mas sim o espírito que é a única causa, permitindo desta forma algum poder derivado aos espíritos finitos, mas de qualquer modo o pecado reside na vontade e não na ação física. O próximo argumento é que a crença na substância material é universal e a resposta é que não: o imaterialismo é o que concorda com o homem comum, pois sustenta a realidade das coisas sensíveis, acrescentando apenas que estas estão vinculadas à mente, não como modo ou propriedade, mas sim como objeto. Argumenta-se a seguir que se o sentido sempre fosse real, não haveria ilusões e a resposta é que o erro não reside nos sentidos, mas sim na inferência. É dito a seguir que é uma mera questão semântica chamar a causa externa de nossas percepções de "idéia", matéria, ou qualquer outra coisa; a resposta é que não, pois tal causa não é extensa e portanto não pode ser matéria e é ativa e sujeito da "idéia", devendo portanto ser chamada "mente". É dito que os físicos não podem dispensar o conceito de substância material e é respondido que isto não está demonstrado e que nem é necessário. Berkeley, no final do diálogo sustentará as principais vantagens de seu ponto de vista: o fato dele destruir o fundamento do ceticismo, de possibilitar uma nova ciência não materialista e de ser totalmente compatível com a Tradição e com a religião revelada. A conclusão do diálogo recapitula e resume as vantagens do imaterialismo para a religião, a moral, a metafísica, a física e a matemática, seguindo em geral os traços já expostos no *Treatise*.

Por este resumo o leitor pode avaliar que, de fato, não surgem conceitos novos nos *Diálogos*, mas que apenas algumas idéias e argumentos do *Treatise* são retomados sob uma nova forma: o estilo dialógico permitirá que Berkeley esgrima melhor seus argumentos, ocultando os pontos fracos e ressaltando os fortes, bem como que escolha uma *estratégia de exposição*, que não mais seguirá a rígida ordem que ele impõe ao *Treatise*; isto lhe permite, como logo o leitor verá, uma utilização mais intensa de recursos oratórios e retóricos, tanto na *exposição* de suas idéias quanto na *refutação* das objeções. Em particular ele combaterá encarniçadamente o conceito de que as nossas idéias são *representações* de objetos que existem independentemente e fora do espírito e insistirá na necessidade de fundamentarmos os nossos conhecimentos em Deus e na religião. Os *Diálogos* são, desta forma, uma introdução popular e bem humorada à sua filosofia, introdução esta que goza da suprema vantagem de ter sido escrita pelo próprio criador da filosofia imaterialista e não por um epígono. Esta é a importância da obra.

## VIII

Não criticaremos aqui os *Diálogos*; os fundamentos de sua crítica, cremos, estão já lançados nas páginas precedentes. Não insistiremos sobre a física tosca[32] que os informa nem sobre a retórica que nele substitui a lógica e a análise, porque cremos já ter apontado o motivo destas aparentes contradições ao discutirmos o *Treatise*. Seria injusto para com Berkeley, se esgrimíssemos contra ele argumentos sobre a fisiologia e a psicologia da percepção que foram adquiridos apenas a partir da segunda metade do século XIX e, em particular, com a explosão de novos conhecimentos que se seguiu à descoberta dos neurotransmisores, em 1966, e com desenvolvimento de novas ferramentas de estudo do cérebro, desde o eletroencefalograma até a tomografia computadorizada, que nos permite literalmente "ver" as idéias sendo formadas ou relembradas por ele, sob o estí-

---

[32] - São, em particular, severas as suas limitações na "análise" do calor, onde ele parece desconsiderar ou não conhecer, não apenas as contribuições de seus contemporâneos ingleses ao entendimento do calor, mas também parece que ignora tosos os trabalhos de Galileu e da escola florentina sobre o tema e, em particular, o desenvolvimento da Termometria.

mulo de palavras, odores, sabores, ou por indução eletromagnética[33]; a Fenomenologia, iniciada por Huserl no campo filosófico e a neurologia, iniciada por Ramón y Cajal no campo científico, também revolucionaram completamente a maneira clássica de se colocar o problema gnosiológico, de modo que doutrina de Berkeley, por seu lado, parece hoje ter maior importância histórica do que prática. O leitor então perguntará o porquê de uma introdução tão volumosa a uma mera curiosidade filosófica e porque tanto espaço para tão pífia conclusão. É que infelizmente vemos ressurgir periodicamente no pensamento contemporâneo, alardeadas como as mais altas novidades filosóficas, posturas irracionalistas que repetem Berkeley em versões muitas vezes pioradas. Este tinha, como vimos, os seus motivos, pessoais e ideológicos, para insurgir-se contra a física e a gnosiologia que lhe eram contemporâneas: tentava salvar o mundo de uma dessacralização inexorável e o pensamento de uma laicização inevitável tendem não mais a propor a troca da investigação racional do mundo pela exegese religiosa, mas sim a construir uma cosmovisão.

---

[33] - Recomendamos, para uma discussão atual deste problema no plano da divulgação erudita, o interessante debate que recentemente travaram um filósofo cristão de formação fenomenológica, mas alfabetizado cientificamente, e um biólogo ateu especializado em neurociências, mas igualmente alfabetizado em filosofia e humanidades. Trata-se respectivamente de Paul RICOEUR e de Jean-Pierre CHANGEUX, que durante vários meses, em 1997, reuniram-se semanalmente para discutir o problema do conhecimento à luz das informações contemporâneas, de uma maneira ao mesmo tempo polêmica, serena, séria, não dogmática e interdisciplinar. Este debate, depois de recolhido e revisado pelos autores, foi publicado sob o título de: *Ce que nous fait penser: La Nature et la Régle* (Paris, Ed. Odile Jacob – 2000), livro este cuja leitura recomendamos vivamente a todos aqueles interessados em problemas epistemológicos e gnosiológicos como introdução atualizada ao tema, mas igualmente como referencial bibliográfico sofisticado, enxuto e substancial (os autores referem-se, no livro, não apenas aos problemas gnosiológicos clássicos que aqui discutimos, como também aos temas discutidos durante os séculos XIX e XX, tanto em filosofia quanto em ciência e sempre referenciam as suas citações).

# O Primeiro Diálogo

P - Bom dia, Hylas. Não esperava encontrá-lo aqui fora tão cedo.

H - É realmente bem incomum; mas meus pensamentos estavam tão tomados por um assunto que discutia a noite passada que, não conseguindo dormir, resolvi levantar-me e dar uma volta no jardim.

P - Que bom que isto tenha acontecido, de forma a fazê-lo perceber os prazeres inocentes e agradáveis que perde todas as manhãs. Existirá hora do dia mais agradável ou uma estação do ano mais encantadora? Esse céu violeta, o cantar selvagem porém doce dos pássaros, o cheiro das árvores e flores em plena floração, a gentil influência do sol nascente, essas e outras inúmeras belezas da natureza inspiram sua alma com êxtases secretos. Suas faculdades também estão mais alertas e frescas neste horário e portanto aptas para a meditação, a qual a solidão de um jardim e a tranqüilidade da manhã naturalmente inspiram. Mas não quero interromper seus pensamentos; você parecia muito concentrado em algo.

H - É verdade. Eu apreciaria se você me deixasse continuar minha linha de raciocínio. Não que eu queira deixar sua companhia, até porque minhas idéias fluem melhor quando converso com um amigo do que quando estou sozinho. Mas o que pergunto é se você não irá se incomodar se eu partilhar meus pensamentos com você.

**P** - Por favor, eu iria mesmo sugerir isto caso você não o tivesse feito primeiro.

**H** - Estava pensando no estranho destino das pessoas, de todos os tempos, que de forma a distinguirem-se do normal, ou devido a uma inexplicável maneira de pensar, fingiram não acreditar em nada ou acreditar nas coisas mais extraordinárias do mundo. Isto teria sido aceitável, caso seus paradoxos ou ceticismos não tivessem trazido conseqüências desvantajosas para a humanidade. Mas o problema jaz aqui; quando pessoas mais ocupadas se depararem com outras que supostamente passaram todo seu tempo em busca de conhecimento professando completa ignorância acerca de todas as coisas, ou sugerindo noções que vão contra os princípios mais elementares e comumente aceitos, as primeiras se virão tentadas a questionar as verdades mais importantes, as quais até então eram consideradas inquestionáveis.

**P** - Concordo inteiramente com você quanto à tendência doentia de questionar de certos filósofos e quanto aos conceitos fantásticos de outros. Eu, inclusive, já estou tão avançado nessa linha de raciocínio que abandonei alguns dos conceitos mais sublimes obtidos em suas escolas por opiniões triviais. E digo mais; desde o início da revolta das noções metafísicas pelos ditames da natureza e do bom senso, encontro-me estranhamente iluminado, de forma que posso agora compreender facilmente muitas coisas antes consideradas um mistério.

**H** - Fico feliz de verificar que o que ouvi sobre você não era verdade.

**P** - Por Deus, o que você ouviu?

**H** - Você foi apresentado, na conversa de ontem à noite, como aquele que sustentou a opinião mais extravagante que já adentrou a mente humana – a de que não há algo como "matéria" no mundo.

**P** - Que não há algo ao qual "os filósofos chamam de matéria" estou absolutamente convencido; mas se tivesse que achar algo absurdo ou cético nisto, então teria a mesma razão para renunciar a isto que considero ter agora para rejeitar a opinião contrária.

H - O que pode ser mais fantástico, ou contrário ao Bom Senso, ou maior manifestação de Ceticismo, do que acreditar que não existe tal coisa como "matéria"?

P - Devagar, caro Hylas. O que faria se eu provasse que você, que acha que existe matéria, sustenta, devido a esta opinião, maiores contrariedades e paradoxos ao Bom Senso e é mais cético do que eu, que não acredito nestas coisas?

H - Você poderá convencer-me logo que a parte é maior que o todo e portanto, de forma a evitar o absurdo e o ceticismo, deverei ver-me obrigado a abrir mão de minha opinião a este respeito.

P - Bom, então concorda em admitir que esta opinião é verdadeira; que, se examinada com atenção parecerá mais próxima do Bom Senso e mais distante do Ceticismo?

H - De todo coração. Já que você é do tipo que levanta discussões acerca das coisas mais simples da natureza, então concordo em ouvir o que tem a dizer.

P - Por Deus, Hylas, o que quer dizer com "cético"?

H - Quero dizer o mesmo que todo o mundo – aquele que duvida de tudo.

P - Aquele que não tiver dúvidas acerca de um certo ponto, com relação a este ponto não poderá ser considerado cético.

H - Concordo.

P - E duvidar consiste em abraçar o lado positivo ou negativo da questão?

H - Nenhum dos dois. Pois aquele que compreende o Inglês sabe que "duvidar" consiste em um suspense entre os dois lados.

P - Aquele que então nega qualquer questão, não pode ser considerado o maior a duvidar do que aquele que afirma a mesma questão com o mesmo grau de certeza.

81

H - Verdade.

P - E, conseqüentemente, devido a esta sua negação, não deve ser considerado mais cético do que o outro.

H - Reconheço.

P - Então como é que você, Hylas, me chama de "cético" porque eu estou negando o que você afirma, ou seja, a existência de "matéria"? Já que concordamos que eu estou no meu direito de negar tanto quanto você no de afirmar.

H - Espere um pouco, Phylonous, fui meio vago em minha definição, mas não devemos tripudiar em cima do erro. Eu realmente disse que um "cético" era aquele que duvidava de tudo; porém deveria ter acrescentado "ou aquele que nega a realidade e a verdade das coisas".

P - Que coisas? Você quer dizer os princípios e os teoremas da Ciência? Mas essas, você sabe, são noções intelectuais universais e conseqüentemente independentes da Matéria. A negação deste ponto portanto não significa negar as outras.

H - Reconheço. Mas será que não existem outras coisas? O que você acha da desconfiança dos sentidos, de negar a real existência de coisas perceptíveis, ou de fingir não conhecê-las? Não será isso suficiente para denominar um homem como sendo "cético"?

P - Devemos então examinar qual de nós está negando a realidade das coisas perceptíveis ou declara a maior ignorância acerca delas já que, se compreendo bem, o escolhido será declarado o maior "cético"?

H - Isso é o que eu desejo.

P - O que você quer dizer com "Coisas Perceptíveis"?

H - Aquelas coisas que são perceptíveis através dos sentidos. Você acha que eu quis dizer outra coisa?

**P** - Desculpe-me, Hylas, se estou ansioso por definir suas noções, já que isso poderá dirimir nossas dúvidas. Por isso perdoe-me por fazer esta próxima pergunta. Serão as coisas perceptíveis somente aquelas percebidas imediatamente? Ou, serão também consideradas perceptíveis as coisas percebidas não de imediato, ou não sem a intervenção dos outros?

**H** - Não estou compreendendo totalmente.

**P** - Quando lemos um livro, o que percebo de imediato são as letras. Mas não de imediato, ou através das letras, as noções de Deus, virtude, verdade, etc., são sugeridas para minha mente. Ora, não há dúvida que as letras são realmente coisas perceptíveis, ou percebidas pelos sentidos; mas gostaria de saber se você considera as noções sugeridas pelas letras como sendo perceptíveis também.

**H** - Não, certamente que não. Seria absurdo considerar "Deus" ou "virtude" como sendo coisas perceptíveis, apesar de serem sugeridas para nossa mente através de coisas perceptíveis, com as quais têm uma conexão arbitrária.

**P** - Parece-me que então, por "coisas perceptíveis" entende-se somente aquilo que pode ser percebido imediatamente pelos sentidos?

**H** - Certo.

**P** - Posso concluir então que se eu vir uma parte do céu vermelha e outra parte azul e minha razão concluir que deve haver uma causa para tal diversidade de cores, mesmo assim tal causa não pode ser considerada uma coisa perceptível, ou percebida pelo sentido "visão"?

**H** - Pode.

**P** - Do mesmo jeito, apesar de ouvir uma variedade de sons, não posso dizer que ouço a causa desses sons?

**H** - Não pode.

**P** - E quando através do tato percebo que uma coisa é quente e pesada, não posso dizer, de maneira verdadeira e apropriada, que eu sinto a causa de seu calor e seu peso?

**H** - Para evitar mais perguntas deste tipo, digo-lhe de uma vez por todas que por "coisas perceptíveis" quero dizer somente aquelas perceptíveis através dos sentidos; e que na verdade os sentidos percebem somente o que percebem "imediatamente", porque não tiram conclusões. A dedução, portanto, de causas ou circunstâncias de efeitos ou aparências, que sozinhos são percebidos pelos sentidos, está inteiramente relacionada à razão.

**P** - Neste ponto então concordamos – que "coisas perceptíveis são somente aquelas que são imediatamente percebidas pelos sentidos". Você deverá me dizer caso percebamos imediatamente através da visão algo além de luzes, cores e formas; ou através da audição algo além de sons; através do paladar algo além de sabores; através do olfato algo além de odores; e através do tato, algo além de qualidades tangíveis.

**H** - Não percebemos.

**P** - Parece-me, então, que se retirarmos todas as qualidades perceptíveis, não resta nada perceptível?

**H** - Eu admito.

**P** - Coisas perceptíveis então são nada mais do que tantas qualidades perceptíveis, ou combinações de qualidades perceptíveis?

**H** - Nada mais.

**P** - "Calor" então é uma coisa perceptível?

**H** - Certamente.

**P** - Será que a "realidade" de coisas perceptíveis consiste em ser percebida? Ou será que esta "realidade" é algo tão diferente de ser percebida e que não tem relação com a mente?

H - "Existir" é uma coisa, "ser percebido" é outra.

P - Falo com relação às coisas perceptíveis somente. E delas pergunto, por sua existência verdadeira você quer dizer uma subsistência fora da mente e distinta de ser percebida?

H - Quero dizer uma existência verdadeiramente absoluta distinta de, e sem nenhuma relação com, ser percebida.

P - O calor portanto, se a ele for permitido uma existência verdadeira, deve existir sem a mente?

H - Deve.

P - Diga-me, Hylas, esta existência verdadeira é igualmente compatível com todos os graus de calor, os quais percebemos, ou há alguma razão para atribuir existência a uns graus e negar a outros? E se existir uma razão, por favor deixe-me saber qual é.

H - Seja qual for o grau de calor que percebemos através dos sentidos, podemos ter certeza que o mesmo existe no objeto que ocasiona tal calor.

P - O quê! Isto vale tanto para o maior quanto para o menor?

H - Digo-lhe que a razão é a mesma em ambos os casos. Ambos são percebidos pelos sentidos. Não, o maior grau de calor é mais perceptível; e conseqüentemente, se existir alguma diferença, temos mais certeza de sua real existência do que podemos ter acerca da realidade de um grau menor.

P - Mas o grau mais intenso de calor não é uma dor enorme?

H - Ninguém pode negar isto.

P - E será qualquer coisa não-perceptiva capaz de dor ou prazer?

H - Não, certamente que não.

**P** - Será a sua "matéria" um ser sem sentido ou um ser imbuído de sentido e percepção?

**H** - É sem sentido, sem dúvida.

**P** - E não pode portanto estar sujeito à dor?

**H** - Certamente que não.

**P** - E não pode, por conseguinte, estar sujeito ao maior calor percebido pelos sentidos, já que concordamos que seria uma dor muito grande?

**H** - Admito.

**P** - O que dizer então de seu objeto externo – é matéria ou não?

**H** - É matéria com qualidades perceptíveis inerentes a ela.

**P** - Como pode então existir um grande calor nela se você afirma que isto não acontece na matéria? Gostaria que você esclarecesse este ponto.

**H** - Alto lá, Philonous, receio ter exagerado ao considerar calor intenso como sendo uma grande dor. Deveria dizer que a dor é algo distinto do calor e de suas conseqüências.

**P** - Colocando sua mão perto do fogo, você percebe uma simples sensação uniforme ou duas sensações diferentes?

**H** - Somente uma sensação.

**P** - O calor não é imediatamente percebido?

**H** - Sim.

**P** - E a dor?

**H** - Também.

P - Concluímos que as duas sensações são percebidas ao mesmo tempo, mas que o fogo passa somente uma simples idéia. Resulta que essa simples idéia é tanto o calor intenso percebido imediatamente quanto a dor; e conseqüentemente o calor intenso percebido não é em nada diferente de um tipo particular de dor.

H - Parece que sim.

P - Tente de novo, Hylas, conceber em seus pensamentos uma sensação ativa sem ser com dor ou prazer.

H - Não consigo.

P - Ou pode imaginar qualquer dor ou prazer em geral que não esteja ligada a uma idéia de calor, frio, sabores, cheiros, etc.?

H - Acho que não posso.

P - Então podemos deduzir que dor perceptível não é diferente destas sensações e idéias, em um grau maior?

H - Isso é inquestionável; e, para falar a verdade, começo a suspeitar que um calor muito intenso só possa existir em uma mente que o perceba.

P - O quê? Será que você está então naquele estado cético de suspense, entre afirmação e negação?

H - Acredito que devo ser otimista neste ponto. Um calor violento e doloroso não pode existir sem a mente.

P - Ele não tem então, na sua opinião, uma existência "real"?

H - Reconheço.

P - Então é certo que não há corpos na natureza realmente quentes?

H - Eu não nego que haja calor verdadeiro em corpos. Só digo que não existe algo como um verdadeiro calor intenso.

**P** - Mas você não disse anteriormente que todos os graus de calor eram igualmente reais; ou que, se havia alguma diferença, que o maior era mais indiscutivelmente verdadeiro que o menor?

**H** - Verdade; mas isso foi porque então não considerei haver fundamento para distinção entre eles, o que agora vejo claramente. E é o seguinte: como o calor intenso não é nada mais do que um tipo particular de sensação dolorosa; e a dor não pode existir exceto em um ser perceptivo; conclui-se que nenhum calor intenso pode realmente existir em uma substância material não-perceptiva. Mas isto não é motivo para negarmos que exista calor em um grau inferior em tal substância.

**P** - Mas como devemos ser capazes de discernir os graus de calor que existem somente na mente, daqueles que existem fora dela?

**H** - Esta não é uma questão difícil. Você sabe que a menor dor não pode existir desapercebida; então qual grau de calor é uma dor que existe somente na mente. Mas, para todos os outros graus de calor, nada nos obriga a pensar o mesmo sobre eles.

**P** - Eu pensei que você tivesse admitido anteriormente que nenhum ser não-perceptivo fosse capaz de sentir prazer, não mais do que a dor.

**H** - Eu admiti.

**P** - E não é o aquecimento, ou um grau de calor inferior ao que causa desconforto, um prazer?

**H** - E daí?

**P** - Conseqüentemente, este não pode existir sem a mente em uma substância, ou corpo, não-perceptivo.

**H** - Assim parece.

**P** - Já que, tanto os graus de calor que não são dolorosos, quanto os que são, somente podem existir em uma substância que pensa; podemos então concluir que corpos externos são absolutamente incapazes de qualquer grau de calor que seja?

H - Pensando bem, não acho assim tão evidente que o aquecimento seja um prazer quanto um elevado grau de calor seja uma dor.

P - Não tenciono dizer que o aquecimento seja um prazer tão grande quanto o calor é uma dor. Mas se admitir que é ao menos um pequeno prazer, então serve para fazer valer minha conclusão.

H - Poderia chamar isso de "indolência". Parece não ser nada mais do que a privação de ambos, prazer e dor. E que tal qualidade ou estado parece corresponder a uma substância irracional, isto eu espero que você não negue.

P - Se você estiver decidido a sustentar que o aquecimento, ou um pequeno grau de calor, não é prazer, não sei como lhe convencer do contrário a não ser apelando para sua razão. Mas o que você acha do frio?

H - O mesmo que acho do calor. Um grau intenso de frio é uma dor; porque sentir muito frio é perceber um grande desconforto: não pode, portanto, existir sem a mente; mas um grau inferior de frio pode, da mesma forma que um grau inferior de calor.

P - Sobre esses corpos, os quais quando aplicados sobre os nossos fazem com que percebamos um grau moderado de calor, podemos então concluir que têm um grau moderado de calor ou aquecimento neles; e aqueles corpos, os quais quando aplicados sobre os nossos fazem com que percebamos um grau moderado de frio, podemos concluir que têm frio neles.

H - Podemos.

P - Pode alguma doutrina ser considerada verdadeira caso leve um homem a algo absurdo?

H - Sem dúvida que não.

P - E não é absurdo pensar que a mesma coisa possa ser ao mesmo tempo quente e fria?

**H -** Sim, é.

**P -** Suponha agora que uma de suas mãos está quente e a outra fria, e que ambas são colocadas dentro da mesma vasilha com água, num estado intermediário; a água não parecerá quente a uma das mãos e fria a outra?

**H -** Parecerá.

**P -** Não devemos então concluir, seguindo seus princípios, que acreditar em quente e frio ao mesmo tempo, de acordo com o que você mesmo admitiu, é acreditar em algo absurdo?

**H -** Confesso que parece ser.

**P -** Conseqüentemente os princípios em si são falsos, já que você mesmo admitiu que nenhum princípio verdadeiro leva a um absurdo.

**H -** Mas, afinal de contas, pode haver algo mais absurdo que dizer "que não há calor no fogo"?

**P -** Para esclarecer ainda mais as coisas; diga-me se em dois casos exatamente iguais não devemos fazer o mesmo julgamento?

**H -** Devemos.

**P -** Quando um alfinete fura seu dedo, ele não lacera e divide as fibras de sua pele?

**H -** Sim.

**P -** E quando um pedaço de carvão queima seu dedo, ele faz o mesmo?

**H -** Não, ele não faz.

**P -** Já que você não considera que a sensação em si ocasionada pelo alfinete, nem qualquer parecida estão no alfinete, então você não deveria considerar, de acordo com o que você admitiu, que a sensação ocasionada pelo fogo, ou qualquer coisa parecida estão no fogo.

**H -** Bem, já que deve ser assim, é com prazer que lhe concedo este ponto e reconheço que frio e calor são somente sensações existentes em nossas mentes. Mas ainda permanecem qualidades suficientes para assegurar a realidade das coisas externas.

**P -** Mas o que você diria, Hylas, se aparentemente o caso fosse o mesmo para todas as outras qualidades perceptíveis, e que não se pudesse acreditar que elas existem sem a mente, não mais do que o frio e o calor?

**H -** Aí então você teria feito sentido. Mas isto é algo que eu desejo muito ver provado.

**P -** Vamos por partes. Pense no paladar, ele existe sem a mente ou não?

**H -** Pode qualquer um em seu juízo perfeito negar que o açúcar é doce e o absinto, amargo?

**P -** Diga-me, Hylas. O gosto doce é uma forma particular de prazer, uma sensação prazerosa, ou não?

**H -** É.

**P -** E o gosto amargo não é uma forma de desconforto ou dor?

**H -** Reconheço que sim.

**P -** Se então açúcar e absinto são substâncias materiais irracionais existentes sem a ação da mente, como podem doçura e amargura, ou seja, prazer e dor, estarem de acordo com elas?

**H -** Um momento, Philonous. Agora vejo qual é o problema. Você perguntou se frio e calor, a doçura e amargura não seriam formas particulares de prazer e dor, e eu respondi simplesmente que sim. Mas deveria tê-las distinguido: tais qualidades, conforme percebidas por nós, são prazeres e dores existentes em objetos externos. Não podemos portanto concluir que não há calor no fogo, ou doçura no açúcar, mas somente que calor ou doçura, conforme percebidos por nós, não se encontram no fogo e no açúcar. O que me diz disso?

**P** - Digo que não faz sentido. Nossa conversa começou sobre coisas perceptíveis, que você definiu serem "as coisas que percebemos de imediato através de nossos sentidos". Quaisquer outras qualidades, portanto, que você mencione diferentes destas, eu não saberei nada a respeito e nem elas terão relação com o assunto em pauta. Você pode, realmente, alegar que descobriu algumas qualidades que não se perceba e afirmar que tais qualidades imperceptíveis existem no fogo e no açúcar. Mas como usar isso para seu propósito atual, é algo que não consigo compreender. Diga-me então mais uma vez, você reconhece que o frio e o calor, a doçura e a amargura (referindo-me a tais qualidades perceptíveis pelos sentidos) não existem sem a mente?

**H** - Vejo que não há razão para continuar, então eu desisto no que diz respeito às qualidades mencionadas. Embora eu confesse que soa estranho dizer que o açúcar não é doce.

**P** - Para fazer você se sentir melhor, escute isto: aquilo que por vezes parece doce, para um paladar desajustado pode parecer amargo. E nada pode ser mais verdadeiro do que dizer que pessoas diversas percebem sabores diversos na mesma comida; já que o que um adora o outro detesta. E como isto poderia ser, caso o gosto fosse algo inerente à comida?

**H** - Reconheço que não sei como.

**P** - Agora vamos considerar os "odores". E com relação a eles, eu gostaria de saber se o que tem sido dito a respeito dos odores não está exatamente de acordo com eles? Não são os odores tantas sensações agradáveis ou desagradáveis?

**H** - São sim.

**P** - Você considera possível que eles existam em uma coisa não-perceptiva?

**H** - Não.

**P** - Ou, pode você imaginar que a sujeira e o esterco afetam esses animais rudes que se alimentam deles sem escolha, com os mesmos cheiros que nós percebemos neles?

H - De forma nenhuma.

P - Então podemos concluir acerca dos cheiros, da mesma forma que sobre as outras qualidades antes mencionadas, que eles não podem existir senão em uma substância ou mente perceptiva?

H - Acredito que sim.

P - E com relação aos "sons", o que devemos pensar deles: são eles acidentes realmente inerentes aos corpos externos, ou não?

H - Que eles não são inerentes aos corpos sonoros, isto está entendido: porque um sino tocado dentro do recipiente vazio de uma bomba a ar não difunde nenhum som. O ar, portanto, deve ser considerado o objeto do som.

P - Qual a razão para isso, Hylas?

H - Porque quando qualquer movimento é feito no ar, nós percebemos um som, maior ou menor, dependendo do movimento do ar; mas sem algum movimento do ar, não ouviríamos som algum.

P - E admitindo que nunca ouvimos nenhum som a não ser que algum movimento seja produzido no ar, mesmo assim não posso compreender como você pode deduzir que o som em si está no ar.

H - É esse mesmo movimento no ar externo que produz na mente uma sensação de "som". Porque, batendo no tímpano do ouvido, ele causa uma vibração a qual, através dos nervos auditivos, é comunicada ao cérebro e faz com que a alma seja afetada pela sensação chamada de "som".

P - O quê! O som então é uma sensação?

H - Eu lhe digo que, da forma como o percebemos, é uma sensação particular da mente.

P - E pode qualquer sensação existir sem a mente?

H - Certamente que não.

**P** - Então como pode o som, sendo uma sensação, existir no ar, se por ar entende-se uma substância inconsciente existindo sem a mente?

**H** - Você deve ser capaz de distinguir, Philonous, entre o som como ele é, percebido por nós, e o som como ele é em si mesmo; ou (o que é a mesma coisa) entre o som que percebemos de imediato e o som que existe sem nós. O primeiro, de fato, é um tipo particular de sensação, mas o último é uma mera vibração ou ondulação do ar.

**P** - Pensei já ter demonstrado ter percebido isto anteriormente através da resposta que lhe dei quando você fez tal distinção em um caso parecido. Mas, para não falarmos mais nisto, você tem certeza então que o som nada mais é do que movimento?

**H** - Tenho.

**P** - O que então corresponde ao som real, deve na verdade ser atribuído ao movimento?

**H** - Deve.

**P** - Faz sentido então falarmos de "movimento" como sendo algo "alto", "doce", "agudo" ou "grave"?

**H** - Vejo que você está resolvido a não me entender. Não é evidente que tais qualidades ou manifestações correspondem somente ao som percep-tível, ou ao "som" de acordo com a aceitação mais usual da palavra, mas não ao "som" no sentido real e filosófico o qual, conforme acabei de lhe falar, não é nada mais do que um certo movimento do ar?

**P** - Parece-me então que existem dois tipos de sons – o comum, ou aquele que é ouvido, e o outro, filosófico e real?

**H** - Assim mesmo.

**P** - E o último consiste em movimento?

**H** - Eu já lhe disse isto antes.

P - Diga-me, Hylas, a qual dos sentidos você acha que pertence a idéia de movimento? À audição?

H - Não, certamente, mas à visão e ao tato.

P - Devo deduzir que, de acordo com o que você diz, sons reais podem ser "vistos" ou "sentidos" mas nunca "ouvidos".

H - Olhe aqui, Philonous, você pode zombar de minha opinião, mas isso não vai alterar a verdade dos fatos. Reconheço que as inferências que você me descreve parecem um tanto estranhas; mas a linguagem popular, você sabe, é talhada para uso do povo. Não devemos estranhar, portanto, se expressões adaptadas a noções filosóficas parecerem esquisitas e fora de contexto.

P - Parece-lhe assim? Pois eu posso lhe garantir que acredito ter ganho um ponto importante, já que você faz pouco do abandono de frases e opiniões comuns, e a parte mais importante de nossa discussão é verificar de quem são as noções mais distantes do senso comum e mais incompatíveis com o sentido geral do mundo. Mas, você não acha um paradoxo filosófico, dizer que "sons reais nunca são ouvidos", e que a idéia do som é obtida através de algum outro sentido? E será que não há nada nisto que seja contrário à natureza e à verdade das coisas?

H - Para ser sincero, eu não gosto disto. E, depois das concessões que fizemos, já admiti que os sons tampouco têm existência própria sem a mente.

P - E espero que você não torne difícil reconhecer o mesmo acerca das "cores".

H - Perdoe-me, mas o caso das cores é bem diferente. Pode algo ser mais óbvio do que o fato de que as vemos nos objetos?

P - Os objetos dos quais você fala são, eu suponho, substâncias materiais existentes sem a mente?

H - São.

P - E têm cores reais e verdadeiras inerentes a eles.

H - Cada objeto visível tem a cor que vemos nele.

P - Como? Existe alguma coisa visível que não seja percebida pela visão?

H - Não.

P - E, percebemos alguma coisa pelos sentidos que não seja percebido de imediato?

H - Quantas vezes serei obrigado a repetir a mesma coisa? Eu lhe digo que não percebemos.

P - Paciência, caro Hylas. E diga-me mais uma vez se existe alguma coisa que é percebida de imediato pela mente que não sejam as qualidades perceptíveis. Sei que você afirmou que não existe, mas gostaria de saber se você ainda é da mesma opinião.

H - Sou.

P - Diga-me, a sua substância material é uma qualidade perceptível ou feita de qualidades perceptíveis?

H - Que pergunta! O que você pensou que fosse?

P - O motivo da minha pergunta é que ao dizer que "cada objeto visível tem a cor que vemos nele" você transforma os objetos visíveis em substâncias materiais; e disto deduz-se que as substâncias materiais são qualidades perceptíveis, ou então que existe algo além de qualidades perceptíveis que são percebidos pela visão. Mas, como este ponto já foi acordado por ambos anteriormente, e ainda é sustentado por você, a conclusão é que a sua "substância material" não é em nada diferente das "qualidades perceptíveis".

H - Você pode tirar quantas conclusões absurdas quiser e tentar complicar a mais óbvia das coisas, mas você nunca vai conseguir fazer-me perder o juízo. Eu entendo perfeitamente o que quero dizer.

P - Gostaria que você conseguisse fazer-me entender também. Mas, já que você não deseja ver examinada sua noção de substância material, não vou insistir neste ponto. Gostaria somente de saber se as mesmas cores que vemos existem em corpos externos?

H - As mesmas.

P - O quê! Então os belos vermelho e roxo que vemos nas nuvens lá longe estão realmente nelas? Ou você imagina que elas tenham em si outra forma que não a de névoa ou vapor escuro?

H - Tenho que reconhecer, Philonous, que essas cores não estão nas nuvens como parece à distância. Essas são somente cores aparentes.

P - Você as chama de "aparentes"? Como devemos distinguir as cores aparentes das reais?

H - Muito facilmente. Devemos considerar aparentes aquelas cores que, parecendo existir à distância, desaparecem quando olhamos de perto.

P - E devemos considerar reais aquelas que descobrimos através de uma inspeção a mais próxima possível.

H - Certo.

P - Essa inspeção, a mais próxima possível, deve ser feita através de um microscópio ou a olho nu?

H - Através de um microscópio, sem dúvida.

P - Mas um microscópio freqüentemente descobre cores em objetos diferentes daqueles percebidos a olho nu. E, caso usássemos um microscópio para ampliar a imagem a qualquer tamanho determinado, é certo que nenhum objeto visto através dele pareceria ter a cor que aparenta ter a olho nu.

H - E o que conclui de tudo isto? Você não pode argumentar que não há, real e naturalmente, cores nos objetos; porque, através de meios artificiais, elas podem ser alteradas ou feitas desaparecer.

**P** - Acho que podemos concluir, através de nossas próprias concessões, que todas as cores que vemos a olho nu são tão aparentes quanto as cores nas nuvens, já que elas desaparecem mediante uma inspeção mais próxima e acurada, inspeção esta que pode nos ser fornecida por um microscópio. E quanto ao que você diz como forma de prevenção, eu lhe pergunto se o estado real e natural de um objeto é mais fielmente descoberto através de uma visão mais ou menos aguçada e penetrante?

**H** - Mais aguçada, claro.

**P** - A Dióptrica não deixa claro que os microscópios deixam a visão mais penetrante e representam os objetos como eles pareceriam aos olhos caso a visão fosse dotada da mais profunda acuidade?

**H** - Deixa.

**P** - Conseqüentemente, a representação microscópica é considerada a que melhor representa a real natureza das coisas, ou o que a coisa é em si. Então, as cores percebidas pelo microscópio são mais reais e genuínas que as percebidas de outra forma.

**H** - Confesso que o que você diz faz sentido.

**P** - Além disto, não é somente possível, mas provado, que existem certos animais cujos olhos são talhados pela natureza de forma a perceberem coisas que, devido à natureza de sua miudeza, escapam nossa vista. O que você pensa acerca daqueles animais inconcebivelmente pequenos percebidos através das lentes? Devemos supor que eles são todos completamente cegos? Ou, caso eles enxerguem, podemos imaginar que sua visão não tem a mesma função de proteger seus corpos de ferimentos, que parece ser a função da visão em todos os outros animais? E se tem essa função, não é evidente que eles vêem partículas menores que seus próprios corpos, o que dará a eles uma perspectiva totalmente diferente para cada objeto que aguçar os seus sentidos? Mesmo os nossos olhos não nos apresentam os objetos sempre da mesma maneira. Durante a icterícia, todos sabem que tudo parece amarelo. Não lhe parece altamente provável que esses animais, em cujos olhos discernimos uma textura bem diferente da nossa, e em cujos corpos abundam diferentes fluidos orgânicos, não enxerguem as mesmas cores nos objetos que nós? Concluindo, podemos deduzir que todas as cores são igualmente aparentes e que nenhuma das cores que percebemos é realmente inerente a nenhum objeto externo?

**H** - Podemos.

**P** - Não restará nenhuma dúvida se consideramos que caso as cores fossem propriedades reais inerentes aos corpos externos, não poderia haver nenhuma alteração nas cores sem alguma alteração nos corpos em si. Mas não fica claro pelo que foi falado aqui que as cores dos objetos sofrem alterações ou desaparecem, seja pelo uso de microscópios, ou por alguma alteração por defeito do olho, ou pela variação da distância, sem que a coisa em si tenha sofrido alguma alteração? Digo mais, mantidas todas as outras circunstâncias, altere somente a situação de alguns objetos e seu olhar presenciará cores diferentes. A mesma coisa acontece quando vemos um mesmo objeto sob diferentes graus de luminosidade. E o que é mais sabido do que os mesmos corpos terem cores diferentes à luz de velas e à luz do dia? Adicione a experiência do prisma, o qual separando os raios de luz altera a cor de qualquer objeto e faz o mais branco parecer azul ou vermelho profundo a olho nu. E agora me diga se você ainda é de opinião que todo corpo tem sua real e verdadeira cor inerente a si; e se você achar que tem, eu gostaria de saber de você, qual a posição e distância certa do objeto, qual a textura peculiar e formação do olho, qual grau ou tipo de luminosidade, será necessário para que se obtenha a cor verdadeira, e como fazemos para distingui-la das cores aparentes.

**H** - Considero-me inteiramente satisfeito com a noção de que todas as cores são aparentes e que não existe tal coisa como cores realmente inerentes aos corpos externos, mas sim que tudo depende da luminosidade. E o que confirma esta opinião é o fato de que dependendo da luminosidade, as cores parecem mais ou menos vivas, e que na ausência de luz as cores não são percebidas. Além disto, se partirmos do princípio que existem cores nos objetos externos, ainda assim como as perceberíamos? Porque nenhum corpo externo afeta a mente, a menos que atue primeiramente em nossos órgãos dos sentidos.
Mas a única ação dos corpos é o movimento e o movimento não pode ser comunicado a não ser pelo impulso. Um objeto distante, portanto, não

pode agir sobre o olho, nem conseqüentemente tornar-se ou as suas propriedades perceptíveis à alma. Logo, parece-me claro concluir que deve ser alguma substância contígua que, agindo sobre o olho, ocasiona a percepção das cores; e assim é a luz.

P - Então luz é uma substância?

H - Eu lhe digo, Philonous, que a luz externa nada mais é do que uma fina substância fluida cujas partículas diminutas, se agitadas com movimentos bruscos e de várias maneiras, refletem nos olhos as diferentes superfícies dos objetos externos, comunicando aos nervos óticos diferentes movimentos os quais, por sua vez, são propagados ao cérebro causando várias impressões; e essas estão ligadas a sensações de vermelho, azul, amarelo, etc.

P - Então parece que a luz nada mais faz do que balançar o nervo ótico.

H - Nada mais.

P - E em conseqüência de cada movimento particular do nervo, a mente é afetada por uma sensação, representando uma cor em particular.

H - Certo.

P - E essas sensações não existem sem a mente.

H - Não.

P - Como então você afirma que as cores estão na luz, se por "luz" você entende uma substância material fora da mente?

H - Cores e luzes, conforme imediatamente percebidas por nós, admito não existirem sem a mente. Mas elas representam em si mesmas somente os movimentos e configurações de certas partículas imperceptíveis de matéria.

P - As cores então, no sentido popular, ou seja, consideradas como os objetos imediatos da visão, somente funcionam com uma substância perceptiva.

100

**H -** É isto que eu digo.

**P -** Bom, então, já que você não concorda com a idéia dessas qualidades perceptíveis que são, por si só, consideradas cores por toda a humanidade, você pode achar o que quiser com relação às cores invisíveis dos filósofos. Não cabe a mim discutir sobre elas. Eu somente o aconselharia a repensar se acha prudente afirmar, considerando o tema em questão, que "o vermelho e o azul que vemos não são cores verdadeiras", "mas que, alguns movimentos e formas que nenhum homem jamais viu ou pode ver, na verdade as são". Não são estas noções chocantes e não estarão elas sujeitas a várias inferências ridículas como as que fomos obrigados a renunciar anteriormente no caso dos sons?

**H -** Eu admito, Philonous, que não vale a pena insistir. Cores, sons, sabores, em suma, todas essas ditas "qualidades secundárias" certamente não existem sem a mente. Mas esse reconhecimento não diminui a realidade da Matéria, ou dos objetos externos. Ver isto não é mais do que o que vários filósofos mantêm, os quais, por sua vez, estão o mais distante possível da negação da Matéria. Para uma melhor compreensão do assunto, você deve saber que as qualidades perceptíveis estão divididas pelos filósofos em Primárias e Secundárias. As Primárias são Extensão, Forma, Dureza, Peso, Movimento e a Inércia; e estas eles afirmam realmente existir em corpos. As Secundárias são as mencionadas anteriormente, ou seja, "todas as qualidades perceptíveis que não as Primárias", as quais afirmam ser somente sensações ou idéias existentes somente na mente. Mas estou certo que disto você já foi informado. De minha parte, eu já sabia há bastante tempo da existência de tal opinião em meio aos filósofos, mas não estava realmente convencido acerca de sua veracidade até agora.

**P -** Então você ainda é de opinião que Extensão e Forma são inerentes às substâncias externas irracionais?

**H -** Sou.

**P -** E o que você diria se os mesmos argumentos colocados acerca das Qualidades Secundárias fossem válidos também para elas, Extensão e Forma?

**H -** Então eu seria obrigado a pensar que elas também existem somente na mente.

**P** - Você acredita que a mesma forma e extensão que são percebidas pelos sentidos existem nos objetos externos ou substâncias materiais?

**H** - Sim.

**P** - Têm os outros animais motivos tão bons para pensar o mesmo acerca da forma e extensão que eles vêem e sentem?

**H** - Sem dúvida, se eles forem algo racionais.

**P** - Responda-me, Hylas. Você acha que os sentidos foram dados aos animais para ajudar na sua preservação e bem-estar, ou foram cedidos somente aos homens para este fim?

**H** - Tenho certeza que eles têm a mesma função em todos os animais.

**P** - Se é assim, não seria necessário que todos pudessem perceber seus próprios membros através dos sentidos, e os corpos capazes de feri-los?

**H** - Certamente.

**P** - Um pequeno inseto então deve ser capaz de ver o próprio pé e coisas iguais ou menores que esta, da mesma forma que corpos de tamanho considerável, ao mesmo tempo em que, para você, parecem pouco percep-tíveis ou no máximo do tamanho de pequenos pontos?

**H** - Isto eu não posso negar.

**P** - E que para criaturas menores que esses insetos, eles parecerão ainda maiores?

**H** - Sim.

**P** - De tal maneira que o que você mal pode discernir, para outro animal extremamente pequeno pode parecer uma enorme montanha?

**H** - Tudo isso eu admito.

**P** - Pode uma mesma coisa ser ao mesmo tempo de diferentes tamanhos?

**H** - Seria absurdo imaginar tal coisa.

**P** - Mas, pelo que você alegou, conclui-se que tanto a extensão percebida por você, quanto aquela percebida pelo inseto, igualmente a todas aquelas percebidas por animais menores, todas representam a verdadeira extensão do pé do inseto. Isto significa dizer que pelos seus princípios você será levado a concluir um absurdo.

**H** - Parece-me haver alguma dificuldade neste ponto.

**P** - Novamente, você não reconheceu que nenhuma propriedade real inerente a qualquer objeto pode ser alterada sem uma alteração no objeto em si?

**H** - Reconheci.

**P** - Mas, quando nos aproximamos ou afastamos de um objeto, a extensão visível varia, podendo uma ser de dez a cem vezes maior que a outra, a uma determinada distância. Não podemos concluir então, da mesma forma, que a extensão não é inerente ao objeto?

**H** - Confesso que não sei o que pensar.

**P** - Você já vai descobrir, se conseguir pensar livremente com relação a essa qualidade como tem feito com o resto. Não admitimos como sendo argumento válido que nem o calor nem o frio estão na água já que esta parecia quente a uma das mãos e fria à outra?

**H** - Admitimos.

**P** - E não poderíamos usar o mesmo raciocínio para concluir que não há extensão ou forma em um objeto, já que para um dos olhos este pareceria pequeno, macio e redondo enquanto que para o outro pareceria, ao mesmo tempo, grande, desigual e uniforme?

**H** - Podemos. Mas será que o que você menciona por último, acontece?

**P** - Você pode fazer a experiência quando quiser, olhando algo a olho nu com um dos olhos e com o outro através de um microscópio.

**H** - Não sei como sustentar isto, mas estou relutante em desistir da extensão, já que percebo várias conseqüências extravagantes em decorrência de tal concessão.

**P** - Extravagantes? Depois das concessões feitas, espero que você não se prenda a nada por sua extravagância. Mas, por outro lado, não pareceria muito extravagante se o pensamento geral que inclui todas as outras qualidades perceptíveis não incluísse a extensão? Se fosse concedido que nenhuma idéia, nem nada parecido com uma idéia, pudesse existir em uma substância não-perceptiva, então certamente concluiríamos que nenhuma forma, ou manifestação da extensão, que pudéssemos perceber ou imaginar ou ter alguma idéia de, poderia realmente ser inerente à Matéria. Isso sem mencionar a dificuldade peculiar que deve ser conceber substância material antes, e distintamente, da extensão ser o "substrato" de extensão. Seja o que for a qualidade perceptível — forma, som ou cor — parece impossível que esta possa subsistir naquilo que não a percebe.

**H** - Eu desisto deste ponto por agora, reservando-me o direito de retirar minha opinião caso venha a perceber posteriormente algum passo em falso em meu progresso sobre o assunto.

**P** - Este é um direito que não lhe pode ser negado. Tendo despachado a "forma" e a "extensão", vamos prosseguir para o "movimento". Pode qualquer movimento real em qualquer corpo externo ser, ao mesmo tempo, muito rápido e muito devagar?

**H** - Não pode.

**P** - E não é o movimento de um corpo considerado rápido numa proporção recíproca ao tempo que ele leva para percorrer qualquer espaço determinado? Conseqüentemente um corpo que percorre uma milha em uma hora move-se três vezes mais rápido do que se moveria caso percorresse uma milha em três horas.

**H** - Concordo com você.

104

P - E não é o tempo medido através da sucessão de idéias em nossas mentes?

H - Ele é.

P - E não é possível que idéias sucedam umas às outras duas vezes mais rápido em sua mente do que na minha, ou na mente de algum espírito de outro tipo?

H - Admito.

P - Conseqüentemente, pode parecer à outra pessoa que um mesmo corpo se movimenta sobre determinado espaço em metade do tempo que parece a você. E o mesmo raciocínio vale para qualquer outra proporção: ou seja, de acordo com os seus princípios (de que os movimentos percebidos estão realmente no objeto) é possível que um mesmo corpo seja movimentado de uma só vez, de forma muito rápida e muito vagarosa. Como pode esta afirmação ser consistente com o bom senso, ou com o que você mesmo acabou de reconhecer?

H - Não tenho nada a dizer sobre isto.

P - E quanto à "dureza"; ou por "dureza" você não quer significar nenhuma qualidade perceptível e então não diz respeito à nossa discussão; ou então ela significa firmeza ou resistência. Mas ambas são claramente relativas aos nossos sentidos: é evidente que o que parece duro para um animal, pode parecer macio a outro que tiver mais força e firmeza em seus membros. Também é igualmente evidente que a resistência que sinto não está no corpo.

H - Admito que a sensação de resistência, que é tudo o que se percebe imediatamente, não está no corpo; mas a causa dessa sensação está.

P - As causas de nossas sensações não são coisas percebidas de imediato e portanto não são perceptíveis. Achei que este ponto já estivesse definido.

H - Admito que estava; perdoe-me por estar um pouco constrangido: não sei como me libertar de minhas antigas noções.

P - Para ajudar-lhe, considere que se reconhecermos que a extensão não existe sem a mente, o mesmo deve ser reconhecido com relação ao movimento, a dureza, e o peso; já que todos são supostamente "extensões". Então torna-se desnecessário fazer questionamentos acerca de cada um individualmente. Negando-se a "extensão", está-se negando a existência real de todos eles.

**H** - Pergunto-me, Philonous, se o que você diz é verdade, por que os filósofos que negam a existência real das Qualidades Secundárias tentam atribuí-la às Qualidades Primárias? Se não existe diferença entre elas, como se pode explicar isto?

**P** - Não cabe a mim explicar cada opinião dos filósofos. Mas, dentre as razões possíveis para isto, parece-me provável ser uma delas o fato de prazer e dor estarem mais associados às Qualidades Secundárias que às Primárias. Calor e frio, sabores e cheiros têm algo mais vividamente agradável ou desagradável do que o efeito das idéias de extensão, forma ou movimento. E sendo muito absurdo manter que dor e prazer podem estar em substâncias não-perceptivas, os homens estão mais inclinados a acreditar na existência externa das Qualidades Secundárias que na das Primárias. Você vai perceber que existe verdade no que digo se tentar lembrar-se da diferença pontuada por você entre um grau intenso e um grau mais moderado de calor, concedendo a um a existência real e negando-a ao outro. Mas afinal não há base racional para tal distinção, porque certamente uma sensação indiferente é tão verdadeiramente uma "sensação" quanto uma mais agradável ou dolorosa e conseqüentemente sua existência em um objeto irracional não deve ser mais provável do que as outras.

**H** - Acabou de me ocorrer, Philonous, que eu ouvi em algum lugar algo sobre uma distinção entre extensão absoluta e perceptível. Agora, embora reconhecendo que "grande" e "pequeno", consistindo somente da relação que outros seres extensos têm com as partes de nossos próprios corpos, não são inerentes às substâncias em si, ainda assim nada nos obriga a aceitar o mesmo com relação à "extensão absoluta", que é algo abstraído de "grande" e "pequeno", para essa ou aquela magnitude ou forma particulares. O mesmo é válido para o movimento; "rápido" e "devagar" são inteiramente relativos à sucessão de idéias em nossas mentes. Mas não devemos concluir que, já que as tais alterações de movimento não existem sem a mente, conseqüentemente o movimento absoluto abstraído deles tampouco exista.

106

P - Por favor diga-me o que distingue um movimento, ou uma parte de extensão, de outro? Não é algo perceptível, como um certo grau de rapidez ou vagareza, alguma magnitude ou forma peculiares a cada um?

H - Acho que sim.

P - Essas qualidades, então, se destituídas de todas as propriedades perceptíveis, ficam sem as suas diferenças específicas e numéricas, como as escolas as chamam.

H - Sim.

P - Quer dizer, elas são extensão em geral e movimento em geral.

H - Consideremos que sim.

P - Mas é uma máxima aceita universalmente que "Tudo o que existe é particular". Como então pode o movimento em geral, ou a extensão em geral, existirem em qualquer substância material?

H - Levarei um tempo para resolver sua dificuldade.

P - Creio podermos resolver este ponto mais rapidamente. Sem dúvida você pode me dizer se é capaz de formar esta ou aquela idéia. Por agora contento-me em colocar nossa disputa neste ponto. Se você puder formar em seu pensamento uma distinta "idéia abstrata" de movimento ou extensão, livre de todas aquelas manifestações perceptíveis, como rápido e devagar, grande ou pequeno, redondo ou quadrado, e o gosto, que reconhecidamente existem somente na mente, eu então me renderei ao seu ponto de vista. Mas se você não conseguir, será injusto de sua parte continuar a insistir naquilo que você não consegue ter noção.

H - Para lhe falar a verdade, confesso que não consigo.

P - Você consegue ao menos separar as idéias de movimento e extensão das idéias de todas aquelas qualidades chamadas de "secundárias" por aqueles que as distinguem?

**H** - O quê! Não é fácil considerar extensão e movimento por eles mesmos, abstraídos de todas as outras qualidades perceptíveis? Diga-me, como será que os matemáticos lidam com elas?

**P** - Reconheço, Hylas, que não é difícil formar proposições e raciocínios gerais acerca das tais qualidades, sem mencionar nenhuma outra; e que, sob este aspecto, considerá-las ou tratá-las abstratamente. Mas como pode ser que, como eu consigo pronunciar a palavra "movimento" por si só, eu possa formar a idéia de movimento na minha mente, sem um corpo? Ou, como teoremas podem ser feitos a partir de extensão e forma, sem menção de "grande" e "pequeno", ou qualquer outra qualidade ou manifestação perceptível, isto quer dizer que viável que tal idéia abstrata de extensão, sem qualquer tamanho ou forma em particular, ou qualidade perceptível, seja formada distintamente por e compreendida pela mente? Os matemáticos tratam da quantidade sem levar em conta quais outras qualidades perceptíveis estão ligadas a ela, como se fossem indiferentes às suas demonstrações. Mas se deixarmos as palavras de lado e contemplarmos as idéias nuas, acredito que o que encontraremos não serão as idéias puras e abstratas de extensão.

**H** - Mas o que você me diz do "intelecto puro"? Não podem as idéias abstratas serem formadas por esta faculdade?

**P** - Como eu não consigo formar idéias abstratas de forma nenhuma, fica claro que eu não consigo formá-las com a ajuda do "intelecto puro", qual seja a faculdade que você compreenda por estas palavras. Além do mais, de forma a não questionar a natureza do intelecto puro e seus objetos espirituais, como "virtude", "razão", "Deus", ou o gosto, assim como muitos parecem se manifestar, digo que as coisas perceptíveis são somente percebidas pelos sentidos, ou representadas pela imaginação. Formas e extensão, conseqüentemente, tendo sido originalmente percebidas pelos sentidos, não pertencem ao intelecto puro: mas, para seu contento, tente formar a idéia de qualquer forma, abstraída de todas as particularidades de tamanho, ou até de outras qualidades perceptíveis.

**H** - Deixe-me pensar um pouco... acho que não consigo.

**P** - E você acha possível que deva realmente existir na natureza algo que implique na contrariedade em sua concepção?

108

H - Certamente que não.

P - Já que não é possível nem para a mente desunir as idéias de movimento e extensão de todas as outras qualidades perceptíveis, não será razoável deduzir que onde uma existir necessariamente existirão as outras de igual maneira?

H - Parece-me que sim.

P - Conseqüentemente, os mesmos argumentos que você considerou como sendo conclusivos acerca das Qualidades Secundárias são, sem muito esforço, aplicáveis às Primárias também. Ao mesmo tempo, se confiar em seus sentidos, não faz sentido que todas as qualidades perceptíveis coexistam, ou que pareçam estar no mesmo lugar? Alguma vez elas representaram um movimento, ou forma, como estando destituída de todas as outras qualidades visíveis e tangíveis?

H - Não precisa dizer mais nada. Estou pronto a reconhecer, se não houver nenhum erro em nossos procedimentos até aqui, que todas as qualidades perceptíveis são igualmente inexistentes sem a mente. Mas, temo ter sido muito liberal em minhas concessões anteriores, ou ter deixado de perceber um engano ou outro. Resumindo, não reservei tempo para pensar.

P - Sobre este assunto, Hylas, você pode levar o tempo que desejar para rever o progresso de nossa discussão. Você tem liberdade para consertar quaisquer deslizes que tenha feito, ou incluir o que quer que tenha omitido de modo a refazer sua primeira opinião.

H - Um grande descuido meu acho que foi esse – o de não ter feito distinção suficiente entre o "objeto" e a "sensação". Agora, apesar do último não poder existir sem a mente, isso não quer dizer que o primeiro não possa.

P - De que objeto você fala? Do objeto dos sentidos?

H - Esse mesmo.

P - Ele é então percebido de imediato?

H - É.

**P** - Faça-me entender a diferença entre o que é imediatamente percebido e uma sensação.

**H** - Por sensação eu entendo o ato de percepção da mente, paralelamente ao qual existe algo a ser percebido; e a isto eu chamo de "objeto". Por exemplo, existe o vermelho e o amarelo em uma tulipa. Mas o ato de perceber essas cores está em mim somente, e não na tulipa.

**P** - De qual tulipa você fala? A tulipa que você vê?

**H** - Essa mesma.

**P** - E o que você vê além de cor, forma e extensão?

**H** - Nada.

**P** - Você diria então que o vermelho e o amarelo coexistem com a extensão, certo?

**H** - Não só isso, eu diria que eles têm uma existência real sem a mente, em uma substância irracional.

**P** - Que as cores estão realmente na tulipa que eu vejo, isto é claro. Tampouco posso negar que esta tulipa existe independentemente da sua mente ou da minha; mas dizer que qualquer objeto imediato aos sentidos – ou seja, qualquer idéia ou combinação de idéias – deve existir em uma substância irracional, ou exterior a "todas" as mentes, isso é em si uma contradição evidente. Também não consigo imaginar como isto resulta do que você acabou de falar, sobre o vermelho e o amarelo estarem na tulipa que você "viu", já que você não pretende "ver" esta substância irracional.

**H** - Você tem uma maneira ardilosa de desviar nossa discussão do assunto.

**P** - Vejo que você não se deixará ser levado nesta direção. Voltando então a sua distinção entre "sensação" e "objeto"; se lhe compreendo bem, você distingue em cada percepção duas coisas, uma sendo ação da mente e a outra, não.

H - Verdade.

P - E esta ação não pode existir em ou pertencer a qualquer coisa irracional; mas, sejam quais forem as implicações disto, uma percepção pode?

H - É isto que eu quero dizer.

P - De tal forma que, se houvesse uma percepção sem nenhuma ação da mente, seria possível que essa percepção existisse em uma substância irracional?

H - Admito. Mas é impossível existir tal percepção.

P - Quando a mente está "ativa", como se diz?

H - Quando ela produz, põe um fim a, ou modifica qualquer coisa.

P - Pode a mente produzir, terminar, ou mudar alguma coisa através de um ato da vontade?

H - Não.

P - A mente então deve ser considerada "ativa" em suas percepções enquanto "vontade" estiver incluída entre elas?

H - Deve.

P - Ao arrancar esta flor eu estou ativo; porque fiz isto pelo movimento da mão que é uma conseqüência da minha vontade; da mesma forma que ao levar a mão ao meu nariz. Mas podemos dizer algumas destas duas coisas a respeito de "cheirar"?

H - Não.

P - Eu também estou agindo quando deixo o ar passar pelo nariz; porque ao respirar desta forma e não de outra estou sob efeito da minha vontade. Mas nenhuma das duas descrições pode ser chamada de "cheirar": porque se fosse, eu estaria cheirando toda vez que respirasse.

H - Verdade.

P - Cheirar então é uma conseqüência de tudo isso?

H - É.

P - Mas minha vontade não se encontra mais envolvida. Qualquer coisa a mais que exista – como perceber um cheiro em particular, ou qualquer cheiro – isso acontece independentemente de minha vontade, e então eu estou totalmente passivo. Você pensa diferente, Hylas?

H - Não, penso o mesmo.

P - Então, com relação a "enxergar", não está em seu poder abrir ou fechar os olhos, virá-los nesta ou naquela direção?

H - Sem dúvida.

P - Mas, será que depende de sua vontade o fato de ao olhar para esta flor perceber mais o "branco" do que qualquer outra cor? Ou, ao direcionar os olhos para o céu, consegue evitar enxergar o sol? Ou ainda, serão o claro e o escuro efeito de sua vontade?

H - Certamente que não.

P - Você é, então, nestes aspectos, totalmente passivo?

H - Sou.

P - Diga-me então se "enxergar" consiste em perceber luzes e cores ou em abrir e fechar os olhos?

H - Sem dúvida, na primeira.

P - Se você está totalmente passivo na percepção de luzes e cores, o que foi feito daquela ação da qual dizia ser um ingrediente de toda sensação? E não podemos concluir, a partir de suas concessões, que a percepção de luzes e cores, sem incluir nenhuma ação, pode existir em uma substância não-perceptiva? E isto não é uma clara contradição?

H - Não sei o que pensar sobre isto.

P - Além disso, já que você distingue o "ativo" do "passivo" em cada percepção, deve fazer o mesmo no caso da "dor". Mas como é possível que a dor, por menos ativa que seja, deva existir em uma substância não-perceptiva? Em suma, considere este ponto, e depois confesse sinceramente se você não acredita que luzes, cores, sabores, sons, etc. são todas igualmente paixões ou sensações da alma. Você pode até chamá-las de "objetos externos" e dar a elas, em palavras, a existência que desejar. Mas examine sua consciência e diga-me se não é como eu digo?

H - Eu admito, Philonous, que a partir de uma justa observação acerca do que se passa em minha mente, não posso descobrir nada mais além de que eu sou um ser racional, afetado por uma variedade de sensações; tampouco é possível conceber como pode uma sensação existir em uma substância não-perceptiva. Mas, por outro lado, quando olho sob outro ângulo para as coisas perceptíveis, considerando-as como tantas qualidades e manifestações, passo a achar necessário supor a existência de "substrato material", sem o qual não podemos imaginar que elas existiriam.

P - "Substrato material", você diz? Por favor, através de qual de seus sentidos você tomou conhecimento deste ser?

H - Não é uma coisa perceptível em si; seu jeito e suas qualidades são percebidos somente pelos sentidos.

P - Presumo então que foi através da razão e da reflexão que você chegou a esta idéia?

H - Não pretendo ter nenhuma "idéia" positiva, propriamente, sobre ele. No entanto, concluo que ele existe porque não podemos imaginar que qualidades existam sem um apoio.

P - Parece-me que você tem somente uma "noção" a respeito, ou que o seu conceito não é nada mais do que conceber a relação que ele tem com as qualidades perceptíveis?

H - Certo.

P - Faça-me o favor então de esclarecer em que consiste esta relação.

H - Isto não está suficientemente claro através do termo "substrato" ou "substância"?

P - Se está, então a palavra "substrato" deveria implicar em estar distribuído sob as qualidades ou propriedades perceptíveis?

H - Verdade.

P - E conseqüentemente sob extensão?

H - Admito.

P - E ele é então, de alguma forma, inteiramente distinto de extensão?

H - Eu lhe digo que extensão é somente uma manifestação, e que Matéria é algo que apóia manifestações. E não está claro que a coisa apoiada é diferente da coisa que apóia?

P - De forma que algo distinto mas exclusivo de extensão é, supostamente, o "substrato" de extensão?

H - Isso mesmo.

P - Diga-me Hylas. Pode uma coisa ser distribuída sem extensão? Ou não está a idéia de extensão necessariamente incluída na "distribuição"?

H - Está.

P - Então o que você supõe estar distribuído sob alguma coisa deve ter em si uma extensão distinta da extensão daquela coisa sob a qual ele está distribuído?

H - Deve.

**P** - Conseqüentemente, toda substância material, sendo o substrato de extensão, deve ter em si uma outra extensão, através da qual está qualificada a ser um "substrato", e assim por diante. E eu pergunto se isso não é por si só um absurdo e contrário a tudo o que admitimos agora há pouco, ou seja, que o "substrato" é algo distinto e exclusivo de extensão?

**H** - Mas, Philonous, você me entendeu mal. Eu não quis dizer que a Matéria está distribuída literalmente sob a extensão. A palavra "substrato" é usada somente para expressar geralmente a mesma coisa que "substância".

**P** - Bom, então examinemos a relação implícita no termo "substância". Não é que ela está situada sob as propriedades?

**H** - Sim.

**P** - Mas, essa coisa que pode estar sob ou apoiar outra, não deve ser extensiva?

**H** - Deve.

**P** - Então esta não é uma suposição tão passível de ser absurda quanto a outra?

**H** - Você continua entendendo as coisas de forma estritamente literal. Isto não é justo, Philonous.

**P** - Eu não estou tentando impor nenhum sentido às suas palavras: você é livre para explicá-las como quiser. Eu somente lhe peço que me faça entendê-las um pouco. Você me diz que a Matéria apóia ou está situada sob as propriedades. Como? Da mesma forma que as pernas apóiam seu corpo?

**H** - Não; este é o sentido literal.

**P** - Por favor, então faça-me saber através de qual sentido está a explicação, literal ou figurado. Quanto mais devo esperar por uma resposta, Hylas?

**H** - Confesso que não sei o que dizer. Eu acreditava saber perfeitamente bem o que quer dizer a Matéria apoiar as propriedades. Mas agora, quanto mais penso a respeito menos eu compreendo; em suma, descobri que não sei nada a respeito.

**P -** Parece-me então que você não tem a menor idéia, relativa ou figurada, sobre a Matéria; você não sabe o que ela é em si e nem que relação ela tem com as propriedades?

**H -** Reconheço.

**P -** E ainda assim você afirmou não conceber como as qualidades ou propriedades podem realmente existir sem, ao mesmo tempo, conceber um apoio material para elas?

**H -** Eu afirmei.

**P -** Isto quer dizer que quando você concebe a real existência das qualidades você está, por outro lado, concebendo algo que não pode conceber?

**H -** Está errado, eu sei. Mas eu ainda acho que há um ou outro engano nisto. Veja o que você acha disto – acabou de me ocorrer que a base de todo nosso engano está no seu tratamento individual de cada qualidade. Agora, eu digo que cada qualidade não pode subsistir individualmente sem a mente. A cor não pode sem a extensão, assim como tampouco pode a forma sem alguma outra qualidade perceptível. Mas, como várias qualidades unidas ou misturadas formam coisas perceptíveis inteiras, nada indica que tais coisas não possam existir sem a mente.

**P -** Ou você está zombando, Hylas, ou você não tem boa memória. Apesar de realmente termos revisto cada qualidade por nome uma após a outra, ainda assim meus argumentos, ou melhor suas concessões, não tencionaram provar que as Qualidades Secundárias não subsistem sozinhas, umas sem as outras, mas sim que elas não existem de maneira nenhuma sem a mente. Realmente, tratando de forma e movimento, concluímos que eles não poderiam existir sem a mente porque seria impossível, mesmo em pensamento, separá-los de todas as qualidades secundárias de forma a conceber sua existência por si só. No entanto este não foi o único argumento utilizado naquela ocasião. Mas, rever tudo o que foi dito aqui e verificar que de nada valeu, se você aceitar, contento-me em encerrar

116

esta questão. Se você puder conceber ser possível, para qualquer mistura ou combinação de qualidades ou de qualquer objeto perceptível, existir sem a mente, então eu vou considerar isso realmente possível.

H - Quanto a isto a questão será decidida em breve. O que pode ser mais fácil do que conceber uma árvore ou uma casa existindo por si só, independente e desapercebida de qualquer mente? Eu concebo, agora, sua existência desta maneira.

P - Você diria, Hylas, que pode ver uma coisa que é, ao mesmo tempo, invisível?

H - Não, isto seria uma contradição.

P - Não é uma contradição idêntica falar sobre "conceber" uma coisa que é "inconcebível"?

H - É.

P - A árvore ou casa sobre a qual você pensa é concebida por você?

H - Como pode ser diferente?

P - E o que é concebido está seguramente na mente?

H - Sem dúvida, aquilo que é concebido está na mente.

P - Como pôde dizer então que você concebeu uma casa ou árvore existente independentemente e fora de qualquer e toda mente?

H - Isto foi um engano, admito. Mas espere, deixe-me explicar o que me levou a isto. É um erro bastante agradável. Quando pensava numa árvore em um lugar solitário, aonde não existisse ninguém para vê-la, pareceu-me que estava concebendo uma árvore existindo de forma inesperada e despercebida; não percebi que eu mesmo a concebia o tempo todo. Mas agora eu vejo claramente que só o que posso fazer é conceber idéias em minha mente. Posso realmente conceber em meus pensamentos a idéia de uma árvore, uma casa ou uma montanha, mas isso é tudo. E com isto

117

estou longe de provar que posso concebê-las "existindo fora das mentes de todos os Espíritos".

P - Você reconhece então que não pode conceber como qualquer coisa material e perceptível poderia existir que não na mente?

H - Reconheço.

P - E ainda assim você pretende discutir a verdade daquilo que você não pode nem conceber?

H - Admito que não sei o que pensar; mas ainda me restam alguns escrúpulos. Não é certo que "eu vejo coisas à distância"? Não percebemos que a lua e as estrelas, por exemplo, estão bem distantes? E isto não é manifestado aos sentidos?

P - Durante um sonho, você não é capaz de perceber as mesmas coisas ou coisas parecidas?

H - Sou.

P - E elas não parecem estar igualmente distantes?

H - Parecem.

P - Mas você não conclui que as aparições em sonhos ocorrem sem a mente.

H - De maneira nenhuma.

P - Então você também não deve concluir, a partir de suas aparências ou pela maneira como são percebidos, que os objetos perceptíveis existem sem a mente.

H - Reconheço. Mas meus sentidos não vão me enganar nestes casos?

P - De maneira nenhuma. Nem os sentidos nem a razão informam que a idéia ou coisa que você percebe imediatamente realmente existe sem a mente. Através dos sentidos você somente percebe que está sendo afetado

118

por certas sensações de luzes e cores, etc. E estas você não dirá que existem sem a mente.

H - Verdade. Mas, ao mesmo tempo, você não acha que a visão sugere algo como "exterioridade" ou "distância"?

P - Durante a aproximação de um objeto distante, o tamanho e forma visíveis muda o tempo todo ou eles aparentam ser os mesmos a qualquer distância?

H - Eles estão em constante transformação.

P - A visão portanto não sugere, ou informa de qualquer maneira, que o objeto visível imediatamente percebido existe à distância, ou que vai ser percebido à medida que avançar na direção dele, mediante a série contínua de objetos visíveis que se sucedem durante o tempo todo de sua aproximação?

H - Não, não sugere. Mas ainda assim eu sei, após ver um objeto, qual objeto devo perceber após ter-se passado uma certa distância, não importando se será exatamente o mesmo ou não. Ainda há algo sobre a distância sugerida neste caso.

P - Ótimo, Hylas, reflita um pouco sobre o assunto e depois diga-me se há algo mais nele do que o seguinte: através das idéias que você realmente percebe pela visão, você aprendeu por experiência a coletar quaisquer outras idéias que vierem a lhe afetar (de acordo com ordem de posicionamento da natureza), após uma certa sucessão de tempo e movimento.

H - Tomando-se o todo, acredito ser isto mesmo.

P - Agora, podemos claramente supor que um homem cego que passar subitamente a enxergar, não terá, a princípio, nenhuma experiência acerca do que pode ser sugerido pela visão?

H - Podemos.

P - Ele não teria então, de acordo com você, nenhuma noção das distâncias incorporadas às coisas que visse, mas as consideraria um novo grupo de sensações, existentes somente em sua mente?

**H** - Isto é inegável.

**P** - Para ficar mais claro: não é a "distância" uma linha virada longitudinalmente para o olho?

**H** - Sim, é.

**P** - E pode uma linha assim situada ser percebida pelo olho?

**H** - Não.

**P** - Então podemos concluir que a distância não é própria e imediatamente percebida pelo olho?

**H** - Parece que sim.

**P** - De novo, é de sua opinião que as cores estão à distância?

**H** - Devemos reconhecer que elas existem somente na mente.

**P** - Mas as cores não parecem aos olhos como coexistindo num mesmo lugar com extensão e forma?

**H** - Parecem.

**P** - Como pode você então concluir a partir da visão que a forma existe sem a mente, quando você concorda que as cores não existem, sendo a aparência perceptível a mesma em ambos os casos?

**H** - Não sei o que responder.

**P** - Mas, concedendo que a distância foi verdadeira e imediatamente percebida pela mente, ainda assim não poderíamos concluir que ela existe fora da mente, porque o que é imediatamente percebido é uma idéia e pode qualquer idéia existir fora da mente?

**H** - Supor isto pareceria absurdo; mas diga-me, Philonous, podemos nós perceber ou saber algo que não sejam nossas idéias?

120

**P** - De acordo com a dedução racional de causa e efeito, isto não vem ao caso. E através dos sentidos você poderá melhor dizer se percebe qualquer coisa que não seja imediatamente percebida. E eu lhe pergunto se as coisas percebidas de imediato são diferentes das nossas próprias sensações e idéias? Você já declarou sua opinião sobre estes pontos mais de uma vez no decorrer de nossa discussão; mas parece-me, por esta sua última pergunta, que você se desviou de sua opinião anterior.

**H** - Para falar a verdade, Philonous, acredito que haja dois tipos de objeto – o que é percebido de imediato, o qual chamamos de "idéias"; e outro que são verdadeiramente as coisas ou objetos externos, percebidos pela mediação de idéias, que são suas imagens e representações. Agora, reconheço que idéias não existem sem a mente; mas o último tipo de objetos existe. Sinto muito não ter pensado neste tipo de distinção antes; provavelmente teria encurtado nossa discussão.

**P** - Esses objetos externos são percebidos pelos sentidos ou por alguma outra faculdade?

**H** - Eles são percebidos pelos sentidos.

**P** - Como pode haver algo percebido pelos sentidos que não seja imediatamente percebido?

**H** - Sim, Philonous, de certa maneira há. Por exemplo, quando eu admiro um quadro ou estátua de Julio César; posso ser levado a percebê-los de uma certa maneira pelos meus sentidos, embora não imediatamente.

**P** - Parece-me então que você acha que nossas idéias, que por si só são percebidas de imediato, são figuras de coisas externas, e que estas também são percebidas pelos sentidos, visto que têm uma semelhança com nossas idéias?

**H** - É isto que quero dizer.

**P** - E da mesma maneira que Julio César, em si mesmo invisível, é mesmo assim percebido pela visão; coisas reais, em si imperceptíveis, são percebidas pelos sentidos.

H - Da mesma maneira.

P - Diga-me, Hylas, quando você admira o quadro de Julio César, você vê com seus olhos mais do que cores e formas, com uma certa simetria e composição do todo?

H - Nada além disso.

P - E um homem que nunca tivesse sabido nada a respeito de Julio César também veria o mesmo?

H - Sim, veria.

P - Conseqüentemente o grau de perfeição da visão desse homem e o seu uso são iguais aos seus?

H - Concordo com você.

P - E o que dizer então dos seus pensamentos que estão direcionados ao Imperador Romano, enquanto que os dele não estão? Isto não é resultado das sensações ou idéias dos sentidos percebidas por você então, já que você admitiu não ter nenhuma vantagem sobre o homem neste respeito. Parece-me então resultar da razão e da memória, não lhe parece?

H - Deveria.

P - Conseqüentemente, podemos concluir a partir deste caso que qualquer coisa é percebida pelos sentidos somente quando for imediatamente percebida. Embora tenha que concordar que podemos, sob um ponto de vista, ser levados a perceber coisas perceptíveis indiretamente pelos sentidos: ou seja, quando, a partir de uma ligação freqüentemente percebida, a percepção imediata de idéias por um dos sentidos "sugere" para a mente outras idéias, talvez pertencentes a outro dos sentidos, que estão acostumadas a estarem associadas entre si. Por exemplo, quando ouço uma carruagem passar na rua, imediatamente percebo somente o som; mas, a partir da experiência que tenho de que tal som está associado a uma carruagem, eu sou levado a pensar que ouço uma carruagem. Não obstante, é evidente que, no sentido real da palavra, nada pode ser "ouvido"

122

que não seja um som, então a carruagem não é propriamente percebida pelos sentidos, mas sugerida pela experiência. Da mesma forma, quando somos levados a enxergar uma barra de ferro vermelha de tão quente; a dureza e o calor do ferro não são os objetos da visão, mas sugeridos para a imaginação pela cor e pela forma que são propriamente percebidas por aquele sentido. Em suma, essas coisas por si só são reais e estritamente percebidas por qualquer dos sentidos, o que teria sido percebido no caso desse mesmo sentido ter sido primeiramente dado a nós. Quanto às outras coisas, está claro que elas são somente sugeridas para a mente pela experiência, baseando-se em percepções anteriores. Mas, retornando à nossa comparação do quadro de César, é claro que você, se mantiver sua opinião, deve afirmar que as coisas reais, ou arquétipos de nossas idéias, não são percebidas pelos sentidos mas sim por alguma faculdade interna da alma, tal como razão ou memória. Então eu gostaria realmente de saber que argumentos você pode formular a partir da razão para a existência do que você chama de "coisas reais" ou "objetos materiais". Ou se você se lembra de tê-los visto anteriormente como eles são em si mesmos; ou se você ouviu falar ou leu de alguém que o fez.

**H** - Vejo, Philonous, que você está a fim de zombar de mim, mas isto não vai me convencer.

**P** - O meu objetivo é somente aprender com você a maneira de ficar sabendo o significado de "coisas materiais". O que quer que nós percebamos é percebido imediatamente ou indiretamente: através dos sentidos ou pela razão e reflexão. Mas, como você excluiu os sentidos, por favor mostre-me a razão que você tem para acreditar na sua existência; ou qual o meio possível de prová-la, para minha ou sua compreensão?

**H** - Para ser sincero, Philonous, agora que eu penso no assunto não acho que posso dar-lhe nenhuma boa razão para isto. Mas, parece-me muito claro que é ao menos possível que tais coisas realmente existam. E, já que não há nenhum absurdo em supô-las, estou resolvido a acreditar no que pensava até que você me traga boas razões para pensar o contrário.

**P** - O quê! Será que chegamos a isto, que você só "acredita" na existência de objetos materiais e que sua crença está fundamentada somente na possibilidade de esta ser verdadeira? E agora você quer que eu apresente razões contrárias, como se fosse razoável aceitar que a prova caiba àquele que faz a afirmativa. E, afinal, este mesmo ponto que você agora está resolvido a sustentar, sem nenhuma razão, é justamente aquilo que você achou por bem abrir mão por mais de uma vez durante esta nossa discussão. Mas, para superarmos tudo isto, se eu estou compreendendo bem, você diz que nossas idéias não existem sem a mente, mas que certas cópias, imagens ou representações de certos originais que existem?

H - Você me compreendeu bem.

P - Elas são então como coisas externas?

H - São.

P - Essas coisas têm uma natureza estável e permanente, independente de nossos sentidos; ou elas estão em constante mutação mediante nossa produção de movimentos em nossos corpos – suspendendo, manifestando ou alterando nossas faculdades ou órgãos dos sentidos?

H - Coisas reais, está claro, têm uma natureza fixa e real que permanece a mesma independente de qualquer alteração em nossos sentidos ou na postura ou movimento de nossos corpos, o que de fato pode afetar as idéias em nossas mentes, mas que seria absurdo considerar que elas tivessem o mesmo efeito nas coisas existentes sem a mente.

P - Como então é possível que coisas eternamente passageiras e variáveis como nossas idéias possam ser cópias ou imagens de qualquer coisa fixa e constante? Ou, em outras palavras, já que todas as qualidades perceptíveis como tamanho, forma, cor, etc., que representam nossas idéias, estão continuamente mudando a cada alteração na distância, meio, ou instrumento de sensação, como pode qualquer objeto material determinado ser propriamente representado ou pintado através de várias coisas distintas, cada qual tão diferente e diverso do resto? Ou, se você disser que se parece com alguém que exista somente em nossas idéias, como poderemos distinguir a cópia verdadeira de todas as falsas?

H - Confesso, Philonous, que estou perdido. Não sei o que dizer disto.

124

P - Mas isto não é tudo. O que são os objetos materiais em si – perceptíveis ou imperceptíveis?

H - Propriamente e imediatamente nada pode ser percebido que não as idéias. Todas as coisas materiais, portanto, são em si imperceptíveis, e devem ser percebidas somente por nossas idéias.

P - Idéias então são perceptíveis, e seus arquétipos ou originais, imperceptíveis?

H - Certo.

P - Mas como pode algo perceptível ser igual a algo imperceptível? Pode uma coisa real, em si mesma "invisível", ser como uma "cor", ou uma coisa real, que não é "audível", ser como um "som"? Em poucas palavras, pode alguma coisa ser como uma sensação ou idéia, a não ser que seja uma outra sensação ou idéia?

H - Admito achar que não.

P - É possível que exista alguma dúvida quanto a este ponto? Você não conhece perfeitamente suas próprias idéias?

H - Conheço-as perfeitamente; já que o que não sei ou percebo não pode fazer parte de minhas idéias.

P - Considere e examine-as, portanto, e depois diga-me há alguma coisa nelas que possa existir sem a mente; ou se você pode conceber alguma coisa como elas existir sem a mente.

H - Após pensar, descobri não ser possível conceber ou entender como qualquer coisa diferente de uma idéia pode ser igual a uma idéia. E está mais do que claro que "nenhuma idéia pode existir sem a mente".

P - Você está sendo, portanto, de acordo com seus princípios, forçado a negar a "realidade" das coisas perceptíveis, já que você afirmou que ela consiste de uma existência absolutamente exterior à mente. Isto quer dizer que você é um cético absoluto. Portanto eu provei o meu ponto, que era mostrar que seus princípios levam ao Ceticismo.

**H -** Por ora estou, se não absolutamente convencido, pelo menos silenciado.

**P -** Gostaria realmente de saber o que mais seria necessário de forma a convencê-lo perfeitamente. Você não teve liberdade para se explicar de todas as maneiras? Por acaso nos ativemos ou insistimos em pequenos lapsos durante a discussão? Ou, não foi permitido a você se retratar ou reforçar qualquer coisa que tenha colocado de forma a melhor servir o seu propósito? Tudo o que você falou não foi ouvido e examinado com toda justiça possível? Em suma, você não assumiu de vontade própria estar convencido, em todos os pontos? E mais, se agora você percebe alguma falha em alguma de suas argumentações anteriores, ou pensa em algum subterfúgio restante, ou alguma nova distinção, cor, ou qualquer comentário, por que você não o faz?

**H -** Um pouco de paciência, Philonous. Estou ainda tão chocado por ter caído nesta armadilha cheia de labirintos para os quais você me atraiu que, de súbito, não se pode esperar que eu ache a saída. Você deve dar-me algum tempo para pensar e me recompor.

**P -** Ouça isto! Não é o sino do colégio?

**H -** Ele toca na hora das orações.

**P -** Devemos então entrar e, por favor, nos encontrar aqui amanhã de manhã novamente. Neste meio tempo, pense no que foi falado hoje de manhã e veja se consegue achar falhas ou inventar outros meios de se explicar.

**H -** Concordo.

# O Segundo Diálogo

**H** - Perdoe-me, Philonous, por não ter vindo antes. Eu fiquei esta manhã com a cabeça tão cheia com nossa última conversa que eu não percebi o tempo passar, nem nada mais.

**P** - Fico contente que você tenha se empenhado nisso; de forma que se houve algum erro em suas concessões ou engano em meus argumentos contra elas, você agora irá me dizer.

**H** - Asseguro-lhe não ter feito outra coisa desde a última vez que lhe vi a não ser procurar erros e enganos e para isso examinei minuciosamente toda nossa discussão de ontem. Mas foi tudo em vão porque as noções que você me passou, mediante revisão, parecem-me ainda mais claras e evidentes. Quanto mais eu as considero, mais irresistível se torna a minha aceitação.

**P** - E isto não lhe parece um sinal de que são genuínas, de que elas provêm da natureza e de que estão de acordo com a razão? Verdade e beleza estão nisso juntas – a análise justa lhes dá vantagem, enquanto que o falso brilho do erro e do disfarce não resiste à revisão ou à inspeção aproximada.

**H** - Há muito de verdade no que você diz. E não conheço ninguém que ficaria mais satisfeito com a verdade e suas conseqüências singulares do que eu, desde que soubesse qual raciocínio me levou a ela. Mas quando tiro isto da cabeça, parece-me, por outro lado, algo tão satisfatório, tão natural e inteligível, na maneira moderna de se explicar as coisas, que confesso não saber como rejeitá-la.

**P** - Não sei o que quer dizer.

**H** - Quero dizer a maneira de explicar nossas sensações ou idéias.

**P** - Como assim?

**H** - Supõe-se que a alma resida em alguma parte do cérebro, de onde os nervos têm origem e são estendidos a todas as partes do corpo; e que os objetos externos, através das diferentes impressões que eles deixam nos órgãos dos sentidos, comuniquem certos movimentos vibratórios aos nervos; e que, estando estes impregnados com espíritos, propaguem tais movimentos para o cérebro, ou base da alma, a qual, através das várias impressões ou traços deixados no cérebro, é afetada de forma variada pelas idéias.

**P** - E você chama isto de explicação sobre a maneira pela qual somos afetados pelas idéias?

**H** - Por que não, Philonous? Você tem algo contra?

**P** - Primeiro preciso saber se entendo corretamente sua hipótese. Você afirma que certos sinais no cérebro são as causas ou ocasiões de nossas idéias. Por favor diga-me se por "cérebro" você quer dizer qualquer coisa perceptível?

**H** - O que mais poderia querer dizer?

**P** - As coisas perceptíveis são todas imediatamente compreensíveis; e as coisas que são imediatamente compreensíveis são idéias, e estas existem somente na mente. Com isso, se não me engano, você já concordou faz tempo.

**H** - Isto eu não nego.

**P** - O cérebro do qual você fala, portanto, sendo uma coisa perceptível, existe somente na mente. Agora, gostaria realmente de saber se você acha razoável supor que uma idéia ou coisa existente na mente ocasiona todas as outras idéias. E, se acha que sim, por favor me diga como você explica a origem daquela idéia inicial ou cérebro em si?

H - Eu não consigo explicar a origem de nossas idéias através desse cérebro que é perceptível pelos sentidos – isso sendo em si somente uma combinação de idéias perceptíveis – mas através de outro o qual eu imagino.

P - Mas não estão as coisas imaginadas "na mente", tanto quanto as coisas percebidas?

H - Confesso que estão.

P - Chegamos então ao mesmo ponto; e você esteve este tempo todo explicando idéias através de certos movimentos ou impressões do cérebro, ou seja, através de certas alterações nas idéias, não importando se perceptíveis ou imagináveis.

H - Estou começando a suspeitar de minha hipótese.

P - Deixando de lado os espíritos, tudo o que conhecemos ou concebemos são nossas próprias idéias. Quando, então, você diz que todas as idéias são ocasionadas por impressões no cérebro, você concebe este cérebro ou não? Em caso positivo, então você fala de idéias gravadas em uma idéia causando esta mesma idéia, o que é um absurdo. Em caso negativo, você fala incompreensivelmente ao invés de formar uma hipótese razoável.

H - Agora vejo claramente que era somente um sonho. Não há nada de bom nisto.

P - Não se preocupe muito com isto; porque, de qualquer modo, esta maneira de explicar as coisas como você a chamou, nunca poderia ter satisfeito homem nenhum. Que ligação existe entre um movimento nos nervos e as sensações de sons e cores na mente? Ou como é possível um ser o efeito do outro?

H - Mas eu nunca pensei que houvesse tão pouco de bom na minha teoria como agora me parece.

P - Está muito claro para se negar.

H - Olhe, não são os campos cobertos por um verde encantador? Não existe algo nas florestas e bosques, nos rios e fontes claras, que conforta, que encanta, que transporta a alma? Quando olhamos uma paisagem de um oceano vasto e profundo, ou de uma montanha com seu topo coberto pelas nuvens, ou de uma floresta melancólica, nossas mentes não são preenchidas com um agradável horror? Mesmo nas pedras e desertos não existe uma agradável selvageria? Como é sincero o prazer de admirar as belezas naturais da terra! Não será para preservar e renovar nossa admiração por elas, que o véu da noite é alternadamente jogado sobre seu rosto e que seu vestido é trocado a cada estação? Quão habilmente dispostos estão os elementos! Que variedades e usos, mesmo mas mais cruéis produções da natureza! Que delicadeza, que beleza, que perspicácia, em corpos animais e vegetais! Quão primorosamente acomodadas estão todas as coisas, bem como todos os seus fins particulares, de forma a constituir partes opostas de um todo! E, enquanto eles se ajudam e apóiam, não se enfeitam e se esclarecem também? Eleve agora seus pensamentos desta bola de terra para todas as gloriosas luminárias que adornam o altivo arco dos céus. O movimento e situação dos planetas, não são eles admiráveis pelo seu uso e ordem? Não foi dito outrora que esses globos, erroneamente chamados de "erráticos", vagavam em suas jornadas repetidas pelo vazio intransitável? Eles não medem as áreas ao redor do sol proporcionalmente aos tempos? Tão fixas e imutáveis são as leis através das quais o Autor invisível da natureza controla o universo. Quão vívido e radiante é o brilho das estrelas fixas! Quão magnífica e rica é essa profusão negligente com a qual elas parecem estar espalhadas por toda abóbada azul! Ainda assim, se olhar pelo telescópio, ele trará para dentro do seu campo de visão uma nova gama de estrelas que escapam ao olho nu. Aqui elas parecem contíguas e diminutas mas olhando de perto parecem imensas órbitas de batalha a várias distâncias, imersas no abismo do espaço. Agora você precisa da ajuda da imaginação. O frágil e limitado sentido não consegue descrever os inúmeros mundos revolvendo ao redor do fogo central; e nestes mundos a energia de uma Mente totalmente perfeita disposta de formas intermináveis. Mas nem os sentidos nem a imaginação são vastos o suficiente para compreender a extensão infinita como toda sua mobília brilhante. Embora a mente laboriosa exerça e solicite cada poder ao máximo, ainda resta um excedente não utilizado incomensurável. Mesmo assim, todos os vastos corpos que compõem esta poderosa estrutura não importando o quão distante e remota, são, devido a um mecanismo secreto, alguma força e arte Divinas, ligados entre si em uma dependência e comunicação mútuas, até com esta terra que quase escapou de meus pensamentos e se perdeu na multidão de mundos. O sistema inteiro não é imenso, lindo, glorioso além de qualquer expressão e pensamento? Que tratamento então merecem os filósofos que privam essas nobres e encantadoras cenas de toda "realidade"? Como devem esses Princípios serem trabalhados de forma a nos levar a achar que toda a visível beleza da criação é um falso clarão imaginário? Para ser claro, você espera que este seu Ceticismo não seja considerado extravagantemente absurdo por todas as pessoas de bom senso?

H - As outras pessoas podem pensar como quiserem, mas de sua parte você não pode me repreender. Conforta-me saber que você é tão cético quanto eu.

P - Desculpe-me, Hylas, mas peço licença para discordar.

H - O quê! Você concordou o tempo todo com as premissas e agora nega a conclusão e me deixa só para sustentar esses paradoxos que você me levou a deduzir? Isto certamente não é justo.

P - Eu nego que tenha concordado com você sobre aquelas noções que levaram ao Ceticismo. Você realmente disse que a "realidade" das coisas perceptíveis consiste em "uma absoluta existência fora das mentes dos espíritos", ou distintamente deles serem percebidos. E conseqüentemente a esta noção de realidade "você" é obrigado a negar às coisas perceptíveis qualquer existência real; ou seja, de acordo com sua própria definição, você se considera um cético. Mas eu não disse nem pensei que a realidade das coisas perceptíveis deveria ser definida desta maneira. Para mim é evidente, pelas razões que você concede, que as coisas perceptíveis não podem existir senão em uma mente ou espírito. Donde concluo não que elas não têm nenhuma real existência mas sim que, vendo que elas dependem de meus pensamentos e que têm toda existência diferente de serem percebidas por mim, "deve existir alguma outra Mente onde elas existam". Com certeza, então, como o mundo perceptível realmente existe, também existe um infinito Espírito onipresente que contém e dá apoio a ele.

**H** - O quê! Isto não é nada mais do que eu e todos os Cristãos sustentamos. E todos os outros que acreditam existir um Deus, e que Ele sabe e compreende todas as coisas.

**P** - Mas aqui reside a diferença. Pessoas normalmente acreditam que todas as coisas são sabidas e percebidas por Deus porque elas acreditam na existência de um Deus; enquanto eu, por outro lado, concluo imediata e necessariamente a existência de um Deus porque todas as coisas perceptíveis devem ser percebidas por Ele.

**H** - Enquanto nós acreditarmos na mesma coisa, o que importa como nós chegamos às nossas conclusões?

**P** - Mas nós não concordamos com a mesma opinião. Para os filósofos, embora reconheçam que todos os seres corpóreos são percebidos por Deus, mesmo assim atribuem a eles uma existência absoluta, distinta de serem percebidos por qualquer mente que seja; o que eu não faço. Ao mesmo tempo, será que não existe nenhuma diferença entre dizer "Existe um Deus", "conseqüentemente Ele percebe todas as coisas"; e dizer "Coisas perceptíveis realmente existem" "e", "se realmente existem", "elas são necessariamente percebidas por uma Mente infinita": "conseqüentemente existe uma Mente infinita ou Deus"? Isto lhe fornece uma demonstração direta e imediata, através de um princípio evidente, da "existência de Deus". Divindades e filósofos provaram além de qualquer controvérsia, através da beleza e da utilidade das várias partes da criação, que esta foi uma obra de Deus. Mas que – deixando de lado toda ajuda da astronomia e da filosofia natural, toda contemplação das idéias, ordem e ajuste das coisas – uma Mente infinita deva necessariamente ser pressuposta através da pura "existência de um mundo perceptível", é uma vantagem somente para aqueles que fizeram a seguinte reflexão: que o mundo perceptível é aquele que percebemos através de nossos vários sentidos; e que nada é percebido pelos sentidos além de idéias; e que nenhuma idéia ou arquétipo de uma idéia pode existir senão em uma mente. Você pode, agora, sem qualquer pesquisa laboriosa da ciência, sem qualquer sutileza da razão, ou tediosamente grande discussão, se opor e confundir o mais ardoroso defensor do Ateísmo. Aqueles refúgios miseráveis, quer seja em uma eterna sucessão de causas e efeitos impensados ou em uma afluência fortuita de átomos; aquelas imaginações selvagens de Vanini, Hobbes e

Spinoza: resumindo, o sistema do Ateísmo inteiro não terá sido inteiramente subjugado por esta simples reflexão sobre a repugnância inclusa na suposição de que o todo, ou qualquer parte, mesmo a mais rude e sem forma, do mundo visível, existe sem a mente? Deixe qualquer um daqueles instigadores de impiedades refletirem sobre seus próprios pensamentos e então tentarem conceber como uma rocha, um deserto, o caos ou uma mistura confusa de átomos; como pode qualquer coisa que seja, perceptível ou imaginável, existir independente da Mente; e ele não precisará de mais nada para ser convencido de sua insensatez. Pode alguma coisa ser mais justa do que colocar uma disputa sobre tal assunto e depois deixar a própria pessoa verificar se pode conceber, mesmo em pensamento, o que ele afirma ser de fato a verdade e, em sua imaginação, se consegue atribuir-lhe uma real existência?

**H** - Não se pode negar que há algo de muito útil para a religião no que você afirma. Mas não lhe parece muito parecido com uma noção concebida por alguns modernos eminentes, de "ver todas as coisas em Deus"?

**P** - Gostaria de conhecer tal opinião – por favor explique-a para mim.

**H** - Eles acham que a alma, sendo imaterial, é incapaz de ser unida a coisas materiais, de forma a percebê-las em si mesmas; mas que ela as percebe através da união com a substância de Deus, a qual, sendo espiritual, é conseqüentemente puramente inteligível, ou capaz de ser o objeto imediato do pensamento de um espírito. Ao mesmo tempo, a essência Divina contém em si perfeições correspondentes a cada ser criado, e que são, por esta razão, apropriadas para exibi-los ou representá-los para a mente.

**P** - Não compreendo como nossas idéias, que são coisas totalmente passivas e inertes, podem ser a essência, ou qualquer parte (ou como qualquer parte) de essência ou substância de Deus, que é um ser ativo, puro, impassível e indivisível. Existem muito mais dificuldades e objeções a esta hipótese, à primeira vista; mas somente vou acrescentar que ela é responsável por todas as absurdidades da teoria universal, por fazer existir um mundo criado de outra forma que não na mente de um Espírito. Além do mais, tem esta peculiaridade para si: a que faz o mundo material servir a nenhum propósito. E, se for um bom argumento contra outras teorias da ciência, que eles supõem que a Natureza, ou sabedoria Divina, seja capaz de fazer algo em vão, ou que façam isso através de métodos tediosos e indiretos que poderiam ter sido realizados de forma muito mais fácil e eficaz; o que devemos pensar acerca da hipótese que supõe que o mundo inteiro foi criado em vão?

H - Mas o que me diz você? Também não partilha da opinião de que nós vemos todas as coisas em Deus? Se não estou errado, o que você adianta chega perto disto.

P - Pouca gente pensa, mas todos têm opiniões; por isso as opiniões são superficiais e confusas. Não é nada estranho, portanto, que princípios tão diferentes em suas essências sejam confundidos uns com os outros por aqueles que não os analisam atentamente. Não me surpreenderia então se algumas pessoas imaginassem que eu concorde com o entusiasmo de Malebranche; no entanto, estou bem longe disto. Ele trabalha em cima da mais abstrata das idéias, da qual discordo inteiramente. Ele defende um mundo absolutamente externo, o qual eu nego. Ele afirma que somos iludidos pelos nossos sentidos e que não sabemos distinguir a real natureza ou as formas e imagens verdadeiras dos seres extensivos; tudo o que eu afirmo ser exatamente o contrário. De forma que, no todo, não há Princípios mais fundamentalmente opostos que os nossos. Devemos reconhecer que eu concordo inteiramente com o que a sagrada Escritura diz, "Pois em Deus vivemos, nos movemos e existimos". Mas que vemos coisas na Sua essência, de acordo com a maneira anteriormente descrita, estou longe de acreditar. Resumindo, o que quero dizer é que: É evidente que as coisas percebidas são minhas próprias idéias, e que nenhuma idéia pode existir sem que seja em uma mente; tampouco está menos claro que essas coisas ou idéias por mim percebidas, elas mesmas ou seus arquétipos, existem independentes de minha mente, já que sei que não sou seu autor, estando fora de meu poder determinar, como queira, com que idéias particulares devo ser acometido quando abro meus olhos e ouvidos. Elas devem, portanto, existir em alguma outra Mente, cuja Vontade diz que devem ser exibidas para mim. As coisas imediatamente percebidas são idéias ou sensações, chame do que quiser. Mas como pode qualquer idéia ou sensação existir em, ou ser produzida por, qualquer coisa que não seja uma mente ou espírito? Isto realmente é inconcebível. E afirmar aquilo que é inconcebível é falar bobagem, não é?

H - Sem dúvida.

**P** - Mas, por outro lado, é bem concebível que elas existam em e sejam produzidas por um espírito, já que isto não é mais do que eu experimento diariamente, visto que experimento inúmeras idéias; e, através da vontade, posso formar uma grande variedade delas e elevá-las à minha imaginação; embora deva confessar que essas criaturas da imaginação não são de todo tão distintas, tão fortes, tão vívidas quanto aquelas percebidas pelos meus sentidos – o que mais tarde são chamados de "coisas vermelhas". De tudo isso concluo que "existe uma Mente que me afeta a todo momento com todas as impressões perceptíveis que percebo" e, devido a sua variedade, ordem e jeito concluo também que "o Autor dessas impressões é sábio", "poderoso", "e bom", "além da compreensão". Note bem, eu não digo que vejo coisas através da percepção daquilo que as representa na substância inteligível de Deus. Isto eu não compreendo; mas eu digo que, as coisas por mim percebidas são conhecidas pelo entendimento e produzidas pela vontade de um espírito infinito. E isso tudo não está claro e evidente? Existe algo mais nisso do que aquilo que um pouco de observação de nossas próprias mentes, e aquilo que se passa nelas, não só nos permite conceber mas também nos obriga a reconhecer?

**H** - Acho que compreendo você claramente, e admito que a prova que você fornece quanto à existência de uma Divindade parece-me tanto evidente quanto surpreendente. Mas, concedendo que Deus é a Causa suprema e universal das coisas, ainda assim, não poderá existir uma Terceira Natureza além dos Espíritos e Idéias? Não devemos admitir uma causa limitada e subordinada para nossas idéias? Em suma, não deverá existir a "Matéria"?

**P** - Quantas vezes devo eu apontar a mesma coisa? Você concede que as coisas imediatamente percebidas pelos sentidos não existem sem mente, mas não há nada percebido pelos sentidos que não seja percebido de imediato. Conseqüentemente não há nada perceptível que exista sem a mente. A Matéria, então, na qual você insiste é algo inteligível, eu suponho; algo que pode ser descoberto pela razão e não pelos sentidos.

**H** - Você tem o direito.

**P** - Por favor deixe-me saber em que raciocínio baseia-se sua crença na Matéria, e o que é esta Matéria, de acordo com sua percepção atual.

**H** - Encontro-me acometido por várias idéias, das quais eu sei não ser a causa; tampouco são elas as causas de si mesmas, ou umas das outras, ou capazes de subsistir por si sós, como sendo seres completamente inativos, passageiros e dependentes. Elas têm então "alguma" causa distinta de mim e delas, da qual eu pretendo saber mais do que elas são "a causa de minha idéias". E esta coisa, qualquer que seja, eu a chamarei de "Matéria".

**P** - Diga-me Hylas, você acha que qualquer um tem o direito de alterar o significado apropriado atualmente anexado a um nome popular em qualquer língua? Por exemplo, suponha que um viajante lhe diga que em um certo país as pessoas conseguem passar ilesas através do fogo; e, após se explicar, você descubra que o que ele quis dizer com a palavra "fogo" foi o que outros chamam de "água". Ou, se ele afirmar que existem árvores que andam sobre suas duas pernas querendo dizer "homens" pela palavra "árvore", você acharia razoável?

**H** - Não, eu acharia muito absurdo. O costume popular é o padrão de propriedade de uma língua. E porque se cada homem afetar impropriamente a maneira de falar irá perverter o uso da língua, e que não servirá a nenhum outro propósito que não o de prolongar e multiplicar as disputas, onde não há diferença de opiniões.

**P** - E a "Matéria", em sua atual aceitação popular da palavra, não significa uma substância extensiva, sólida, móvel, irracional e inativa?

**H** - Sim.

**P** - E já não ficou evidente que "tal" substância não pode existir? E embora deva ser permitido que exista, ainda assim como pode algo que é "inativo" ser uma "causa"? Ou aquilo que é "irracional" ser a "causa do pensamento"? Você realmente pode anexar à palavra "Matéria", se quiser, um significado contrário àquele popularmente conhecido, e me dizer que você entende por "Matéria" um ser não-extensivo, racional e ativo, que é a causa de nossas idéias. Mas o que será isso além de brincar com palavras e incorrer no mesmo erro que você acabou de condenar com muita razão? Eu não encontro falhas em seu raciocínio onde você deduz uma causa a partir do "fenômeno"; mas eu não reconheço que "a" causa dedutível pela razão possa ser apropriadamente chamada de "Matéria".

H - Você tem certa razão. Mas receio que você não compreenda inteiramente o que quero dizer. Eu não pensaria em negar que Deus, ou um espírito infinito, é a Causa Suprema de todas as coisas. Tudo o que digo é que subordinada ao Supremo Agente está a causa, de uma natureza inferior e limitada, que concorre na produção de nossas idéias, sem que seja por ação da vontade, ou eficiência espiritual, mas sim através daquele tipo de ação que pertence à Matéria, isto é, "movimento".

P - Acho que você está, a cada volta, recaindo no seu velho e já desacreditado conceito de uma substância móvel e conseqüentemente extensiva, existente sem a mente. Como! Você já se esqueceu de que foi convencido? Ou você quer que eu repita o que já foi dito a este respeito? A verdade é que não é justo de sua parte ainda supor a existência daquilo que você tantas vezes já reconheceu não existir. Mas, de forma a não insistir mais naquilo que já foi tão amplamente discutido, eu lhe pergunto se todas as suas idéias não são perfeitamente passivas e inertes, não havendo nenhuma ação nelas.

H - São.

P - E as qualidades perceptíveis não são somente idéias?

H - Quantas vezes já reconheci que sim?

P - Mas o "movimento" não é uma qualidade perceptível?

H - É.

P - E conseqüentemente não é uma ação.

H - Concordo com você. Parece-me realmente muito claro que quando eu mexo o meu dedo, ele permanece passivo; mas a vontade que produziu o movimento está ativa.

P - Agora, gostaria de saber em primeiro lugar se você considera, já que o movimento não é uma ação, que haja alguma outra ação que não seja a vontade; e em segundo lugar, se você acha que falar algo e conceber nada é o mesmo que falar bobagens. E, por último se você não percebe, tendo considerado as premissas, que supor que haja outra Causa eficiente ou ativa que não seja o "Espírito" é altamente absurdo e nada razoável?

H - Eu desisto deste ponto inteiramente. Mas embora Matéria possa não ser a causa, o que a impede de ser um "instrumento" subserviente ao Agente supremo na produção de nossas idéias?

P - Um instrumento, você diz. Diga-me então o que devem ser a forma, as molas, as rodas e os movimentos deste instrumento?

H - Não tenciono determinar nada quanto a elas, já que tanto a substância e suas qualidades são inteiramente desconhecidas para mim.

P - O quê? Você então é de opinião que ele é feito de partes desconhecidas, que ele tem movimentos desconhecidos e uma forma desconhecida?

H - Eu não acredito que tenha qualquer forma ou movimento, estando convencido que as qualidades perceptíveis não podem existir numa substância não-perceptível.

P - Mas qual noção é possível conceber de um instrumento isento de qualquer qualidade perceptível, até mesmo a própria extensão?

H - Eu não julgo ter nenhuma noção.

P - E que razão você tem para achar que este desconhecido, este Algo inconcebível, exista? Será que é porque você imagina que Deus não possa agir tão bem sem ele? Ou que você descobre, pela experiência, o uso de tal coisa quando forma idéias em sua própria mente?

H - Você está sempre zombando de mim pelas razões de minhas crenças. Diga-me qual razão você tem para não acreditar nelas?

P - Para mim é motivo suficiente para não acreditar na existência de qualquer coisa se eu não vir nenhum motivo para acreditar nela. Mas, para não insistir em razões para acreditar, você me fará saber "no quê" você me faria acreditar, já que você diz que não tem nenhuma noção do que é. Afinal, deixe-me levá-lo a tentar, seja como um filósofo, seja como

138

um homem de bom senso, acreditar em algo "não se sabe o quê", "não se sabe o porquê".

H - Espere aí, Philonous. Quando eu lhe digo que Matéria é um "instrumento", eu não quero dizer, de jeito nenhum, "nada". É verdade que não sei o tipo particular de instrumento, mas ainda assim, eu tenho alguma noção do "instrumento em geral", a qual aplico aqui.

P - Mas o que diria se provasse que existe algo, mesmo na mais geral das noções de "instrumento", como tendo um sentido distinto de "causa", o que faz seu uso inconsistente com os atributos Divinos?

H - Faça isto aparecer e eu desistirei do meu ponto.

P - O que você quer dizer com a natureza ou noção geral de "instrumento"?

H - Aquela que é comum a todos os instrumentos particulares compõe a noção geral.

P - Não é comum a todos os instrumentos que eles sejam aplicados para fazermos aquelas coisas que não podem ser feitas pelo simples ato de nossas vontades? Portanto, eu nunca uso um instrumento, por exemplo, para mover meu dedo, porque isto eu faço através da vontade. Mas eu deveria usar um se quisesse remover parte de uma rocha ou arrancar uma árvore pelas raízes. Você está me entendendo? Ou pode me dar qualquer exemplo onde um instrumento é usado para produzir um efeito "imediato" dependendo da vontade do agente?

H - Admito que não posso.

P - Como então você supõe que o Espírito Todo-perfeito, de cuja vontade todas as coisas têm uma absoluta e imediata dependência, devesse precisar de um instrumento em suas operações ou, sem precisar de um, fazer uso dele? Portanto parece-me que você é obrigado a reconhecer que o uso de um instrumento inativo e sem vida é incompatível com a infinita perfeição de Deus, isto é, através de sua própria confissão, desistir do seu ponto.

H - Não consigo pensar em algo para lhe responder.

**P -** Mas, parece-me que você deve estar pronto a reconhecer a verdade, já que ela foi razoavelmente provada a você. Nós, realmente, sendo seres de poderes limitados, somos forçados a fazer uso de instrumentos. E o uso de um instrumento mostra que o agente é limitado pelo regulamento dos preceitos de outrem, e que ele não consegue o seu objetivo a não ser de certa maneira e sob certas condições. Parece-me uma conseqüência clara que o agente supremo ilimitado não faz uso de nenhuma ferramenta ou instrumento. A vontade de um Espírito Onipotente mal é manifestada e já é executada, sem a aplicação de meios, os quais, se aplicados por agentes inferiores, não é devido à sua real eficácia nem à aptidão necessária para produzir qualquer efeito, mas simplesmente para cumprir com as leis da natureza, ou com aquelas condições prescritas na Primeira Causa, que O representa acima de qualquer limitação ou preceito que seja.

**H -** Não sustentarei mais que a Matéria é um instrumento. No entanto, não quero parecer ter desistido de sua existência já que, apesar de tudo o que foi dito, ele ainda pode ser uma "oportunidade".

**P -** Quantas formas deve a sua matéria tomar? Ou, quantas vezes deve ser provado que ela não existe, antes que você decida desistir? Mas, para encerrarmos o assunto (embora por todas as leis de discussão eu posso culpá-lo com razão por mudar tão freqüentemente o significado do termo principal), eu realmente gostaria de saber o que você quis dizer ao afirmar que matéria é uma oportunidade, já tendo negado que seja uma causa. E, quando tiver mostrado qual o sentido de "oportunidade", por favor a seguir mostre-me qual razão levou-o a acreditar que existe tal oportunidade de nossas idéias.

**H -** Quanto ao primeiro ponto: por "oportunidade" quero dizer um ser irracional e inativo, na presença do qual Deus estimula idéias em nossas mentes.

**P -** E qual a natureza desse ser irracional e inativo?

**H -** Não sei nada a respeito de sua natureza.

**P -** Proceda ao segundo ponto e diga qual a razão pela qual devemos conceder uma existência a essa coisa inativa, irracional e desconhecida.

**H** - Quando vemos idéias produzidas em nossas mentes, seguindo um método ordenado e constante, é natural pensar que elas têm algumas oportunidades fixas e regulares, na presença das quais elas são estimuladas.

**P** - Você reconhece então que Deus é a causa de nossas idéias e que Ele as causa na presença dessas oportunidades.

**H** - Esta é a minha opinião.

**P** - Essas coisas que você diz estarem presentes para Deus, ele sem dúvida as percebe.

**H** - Certamente; do contrário elas não seriam para Ele uma oportunidade de ação.

**P** - Sem querer insistir em fazer você entender esta hipótese, ou responder a todas as questões intrigantes e difíceis inerentes à questão: somente pergunto se a ordem e regularidade observadas na série de nossas idéias, ou no curso da natureza, não são ocasionadas pela sabedoria e pelo poder de Deus; e, sem querer diminuí-Lo de seus atributos, se Ele é influenciado, dirigido ou incutido em sua mente por uma substância irracional, sobre como e quando deve agir? E, por fim, caso eu reconhecesse tudo aquilo que você atesta, se agregaria algo ao seu propósito, não sendo fácil conceber como a existência externa ou absoluta de uma substância irracional, distintamente de ser percebida, pode ser inferida pela minha admissão de que existem certas coisas percebidas pela mente de Deus as quais são para Ele a oportunidade para produzir idéias em nós?

**H** - Realmente estou perdido quanto ao que pensar; esta noção de "oportunidade" parece-me agora totalmente tão sem fundamento quanto o resto.

**P** - Você não percebe que em todas essas diferentes aceitações de "Matéria" você esteve somente supondo "não sei o quê", por nenhuma razão e para nenhum tipo de uso?

**H** - Sou livre para reconhecer que cada vez menos gosto de minhas noções desde que foram tão minuciosamente examinadas. Mas, ainda assim, penso ter alguma percepção confusa sobre a existência de tal coisa como a "Matéria".

**P** - Você percebe a existência de Matéria indireta ou imediatamente. Se imediatamente, por favor informe-me através de qual dos sentidos você a percebe. Se indiretamente, diga-me qual raciocínio foi inferido pelas coisas que você perceber imediatamente. Tanto pior para a percepção. E quanto à Matéria em si, pergunto se ela é objeto, "substrato", causa, instrumento ou oportunidade? Você já alegou ser cada um destes, alterando suas noções e fazendo a Matéria aparecer ora de uma forma, ora de outra. E o que você apresentou foi reprovado e rejeitado por você mesmo. Se você tiver algo de novo a dizer, terei prazer em ouvi-lo.

**H** - Acho que já apresentei tudo o que tinha a dizer sobre este assunto. Não sei o que mais argumentar.

**P** - E ainda assim está relutante em desistir de seu velho preconceito. Mas, de forma a facilitar as coisas desejo, além do que foi sugerido aqui, que você considere, partindo do princípio que Matéria existe, se você consegue conceber como você deve ser afetado por ela. Ou, supondo que ela não exista, se não é evidente que você pode ser acometido pelas mesmas idéias que você tem agora e, conseqüentemente, ter as mesmas razões para acreditar na sua existência, que você tem agora.

**H** - Reconheço que poderíamos perceber as coisas exatamente como as percebemos agora caso não houvesse Matéria no mundo; tampouco posso conceber, caso houvesse Matéria, como ela deveria produzir qualquer idéia em nossas mentes. E eu ainda concedo que você me satisfez tão inteiramente que agora acredito ser impossível que haja tal coisa como Matéria em qualquer das aceitações anteriores. Mas ainda não consigo deixar de supor que exista "Matéria" de um jeito ou de outro. "O que ela é" eu não pretendo determinar.

**P** - Eu não espero que você defina exatamente a natureza de tal ser desconhecido. Somente diga-me por favor se é uma Substância; e em caso positivo, se você pode supor uma Substância sem propriedades; ou, caso você suponha que ela tem propriedades e qualidades, gostaria que você me dissesse que qualidades são essas, ao menos o que quer dizer por Matéria dando suporte a elas.

**H** - Nós já discutimos esses pontos. Não tenho nada mais a dizer sobre eles. Mas, para evitar futuros questionamentos, deixe-me dizer que agora

eu não entendo "Matéria" como sendo uma substância nem uma propriedade, nem um ser extensivo ou racional, nem causa, instrumento, nem
oportunidade, mas sim Algo inteiramente desconhecido, distinto de todos
estes que mencionei.

P - Parece-me que você inclui na sua presente noção de Matéria nada
mais do que a idéia geral abstrata de "entidade".

H - Exatamente. Exceto que eu adicionei a essa idéia geral a negação de
todas aquelas coisas particulares, qualidades, ou idéias que eu percebo,
ou imagino, ou apreendo de qualquer forma.

P - Diga-me onde você acha que essa Matéria desconhecida existe?

H - Ah, Philonous! Agora você acha que me encurralou, não é? Porque
se eu disser que ela existe num lugar, então você vai alegar que ela existe
na mente, já que concordamos que um lugar ou extensão existe somente na
mente. Mas não tenho vergonha da minha própria ignorância. Eu não
sei aonde ela existe; somente tenho certeza de que ela não existe em um
lugar. Existe uma resposta negativa para você. E você não deve esperar
nenhuma outra para todos os questionamentos que fizer daqui para frente
sobre a Matéria.

P - Já que você não me diz aonde ela existe, por favor diga-me de qual
jeito supõe que ela exista, ou o que quer dizer por sua "existência"?

H - Ela não pensa nem age, não percebe e não é percebida.

P - Mas o que existe de positivo na sua noção abstrata de sua existência?

H - Após uma boa observação, penso não ter nenhuma noção ou sentido
positivo. E lhe digo de novo, não tenho vergonha de admitir minha ignorância. Não sei o que querem dizer por sua "existência", ou como ela existe.

P - Continue, caro Hylas, a agir do mesmo modo ingênuo e diga-me
sinceramente se você pode formar uma idéia distinta de Entidade em
geral, prescindida de, e exclusiva de todos os seres corpóreos e racionais,
todas coisas particulares em geral.

**H** - Espere, deixe-me pensar um pouco – confesso, Philonous, achar que não posso. À primeira vista parece-me que tinha uma noção diluída e tênue de Entidade Pura abstrata; mas olhando com mais atenção, ela desapareceu de vista. Quanto mais penso nela, mais tenho certeza de minha resolução prudente de dar somente respostas negativas e não pretender ter, nem em menor grau, qualquer conhecimento ou concepção positiva acerca da Matéria, seus "onde", seus "como", suas "entidades", ou qualquer coisa relativa a ela.

**P** - Então, quando falamos da existência de Matéria, você não tem nenhuma noção em sua mente?

**H** - Nenhuma.

**P** - Por favor diga-me se o caso não se sustenta da seguinte forma – primeiramente a partir de uma crença em substância material, onde você alegava que os objetos imediatos existiam sem a mente; depois que eles eram arquétipos; depois, causas; e depois, instrumentos; e então oportunidades; por fim, "alguma coisa em geral", a qual sendo interpretada não prova "nada". Logo Matéria não vem a ser nada. O que você acha, Hylas? Este não é um resumo justo de todo o procedimento?

**H** - Seja como for, eu ainda insisto nisso, em que nossa falta de capacidade para conceber alguma coisa não é argumento contra sua existência.

**P** - Que a partir de uma causa, efeito, operação, sinal ou outra circunstância, pode-se razoavelmente inferir a existência de uma coisa que não é percebida de imediato; e que seria absurdo para qualquer pessoa argumentar contra a existência de tal coisa, a partir da falta de uma noção direta ou positiva acerca dela, isso eu admito. Mas, onde não há nada disso; onde nenhuma razão ou revelação nos induz a acreditar na existência de alguma coisa; onde nós não temos ao menos uma relativa noção dela; onde uma abstração é feita entre perceber e ser percebido, entre Espírito e idéia; e por fim, onde somente existe a mais inadequada e vaga idéia – eu realmente não vou concluir contra a realidade de qualquer noção, ou existência de qualquer coisa; vou sim deduzir que você não quer dizer nada; que você faz uso das palavras sem jeito ou propósito, sem qualquer desígnio ou significado que seja. E deixo para você considerar como trata uma conversa sem sentido.

H - Para falar sinceramente, Philonous, seus argumentos parecem irrefutáveis. Mas eles não têm um efeito tão grande em mim de forma a produzir toda essa convicção, essa aquiescência de coração, que vem com a demonstração. Vejo-me recaindo naquela suposição obscura de não sei o quê, "matéria".

P - Mas você não percebe, Hylas, que duas coisas devem disputar de forma a eliminar todas as dúvidas, formando assim uma concordância plena na mente? Deixe um objeto visível ser colocado sob uma luz não tão clara e, caso haja alguma imperfeição na visão ou se o olho não estiver direcionado para o objeto, ele não será visto distintamente. E embora uma demonstração nunca esteja tão bem fundamentada nem razoavelmente colocada, se houver uma gota de preconceito ou uma tendência errada no entendimento, pode-se esperar subitamente uma percepção clara e uma firme aderência à verdade? Não; há necessidade de tempo e sofrimento: a atenção deve ser despertada e mantida através da constante repetição da mesma coisa quando colocada ora sob a mesma perspectiva, ora sob perspectivas diferentes. Eu já disse antes e acho que devo repetir e apontar que trata-se de uma incontável licença que você pede quando pretende manter que sabe não sei o quê, por não sei qual razão, para não sei qual propósito. Pode isto ser comparado com qualquer arte ou ciência, qualquer seita ou profissão do homem? Ou existirá algo tão descaradamente sem fundamento e sem motivo que devamos concluir mesmo na mais inferior das conversas comuns? Mas, talvez você ainda diga que a Matéria deve existir; embora ao mesmo tempo você não saiba "o que quer dizer" por "Matéria", ou pela sua "existência". Isto é realmente surpreendente, ainda mais porque é totalmente voluntário (e de sua própria cabeça) você não ser levado a isto por qualquer razão que seja; porque eu te desafio a me mostrar qual coisa na natureza precisa da Matéria para se explicar ou justificar.

H - "A realidade" das coisas não pode ser sustentada sem supormos a existência da Matéria. E essa não é, pense bem, uma boa razão pela qual eu deveria defendê-la ferozmente?

P - A realidade das coisas! Que coisas? Perceptíveis ou inteligíveis?

H - Coisas perceptíveis.

**P** - A minha luva, por exemplo?

**H** - Isto, ou qualquer outra coisa percebida pelos sentidos.

**P** - Mas para nos fixarmos em uma coisa em particular. Não é evidência suficiente para mim a existência desta "luva", a qual eu vejo, e sinto, e uso? Ou, se isto não servir, como posso ter certeza da realidade desta coisa, a qual eu realmente vejo neste lugar, através da suposição de que alguma coisa desconhecida, que eu nunca vi nem posso ver, existe de um certo jeito, em um lugar desconhecido ou em nenhum lugar que seja? Como pode a suposta realidade daquilo que é intangível ser a prova de que algo tangível realmente existe? Ou, para aquilo que é invisível, que qualquer coisa visível existe ou, em geral para qualquer coisa impercep-tível, que uma coisa perceptível existe? Explique isso e eu não pensarei mal de você.

**H** - No geral, contento-me em admitir que a existência da matéria é altamente improvável; mas a sua direta e absoluta impossibilidade não me parece viável.

**P** - Mas partindo do princípio que a Matéria é possível meramente por esse relato, não me parece que tenha mais direito à existência do que teria uma montanha de ouro ou um centauro.

**H** - Eu reconheço isso; mas ainda assim você não nega que seja possível; e aquilo que é possível, você deve saber, pode realmente existir.

**P** - Eu não acho que isso seja possível; e, se não estou enganado, já ficou evidentemente provado, através de suas próprias concessões, que não o é. No sentido popular da palavra "Matéria", está implícito algo mais do que uma substância extensiva, sólida, figurada e móvel, existente sem a mente? E você já não reconheceu, várias vezes, que você encontrou razão suficiente para negar a possibilidade de tal substância?

**H** - Verdade, mas este é somente um dos sentidos da palavra "Matéria".

**P** - Mas este não é o único sentido apropriado e genuíno reconhecido? E, se a Matéria, neste sentido, for provada impossível, não temos base para considerá-la absolutamente impossível? De que outra forma algo pode ser provado impossível? Ou ainda, como pode haver alguma prova que seja, de uma forma ou de outra, para um homem que toma a liberdade de perturbar e mudar o significado popular das palavras?

H - Eu pensei que filósofos tivessem liberdade para falar mais precisamente que os comuns e que não estivessem sempre confinados à aceitação popular de um termo.

P - Mas este agora mencionado é o sentido popular reconhecido entre os próprios filósofos. Mas, não querendo insistir no assunto, você não teve permissão para considerar a "Matéria" no sentido que desejou? E você não usou este privilégio ao máximo, por vezes alterando inteiramente, por outras deixando de fora, ou colocando como definição aquilo que, por ora, melhor servisse ao seu propósito, contrariando todas as regras conhecidas de lógica e bom senso? E esse seu método injusto de alteração não levou nossa discussão a uma duração desnecessária, a Matéria tendo sido particularmente examinada e, de acordo com sua própria confissão, refutada em cada um daqueles sentidos? E será que algo mais é necessário para provar a absoluta impossibilidade de uma coisa do que provar ser essa coisa impossível em cada sentido particular que você ou qualquer outro julgue existir?

H - Mas eu não estou completamente convencido de que você provou a impossibilidade da Matéria no último sentido mais obscuro, abstrato e indefinido.

P - Quando é que uma coisa é demonstrada ser impossível?

H - Quando uma oposição é demonstrada entre as idéias compreendidas em sua definição.

P - Mas onde não há idéias, nenhuma oposição pode ser demonstrada entre as idéias, certo?

H - Concordo com você.

P - Agora, naquilo que você chama de sentido obscuro e indefinido da palavra "Matéria" está claro, de acordo com suas definições, que não foi incluída nenhuma idéia que seja, nenhum sentido exceto um sentido desconhecido, o que é o mesmo que nenhum. Você não espera, então, que eu prove a oposição de idéias onde não há idéias; ou a impossibilidade da Matéria num sentido "desconhecido", ou seja, em nenhum sentido que seja. Meu trabalho foi somente o de mostrar que você não queria dizer "nada", e isto você foi obrigado a reconhecer. De forma que, em todos os vários sentidos, foi demonstrado que você não queria dizer nada ou, se queria dizer algo, era um absurdo. E se isso não for suficiente para provar a impossibilidade de uma coisa, desejo que você me faça saber o que é.

**H** - Reconheço que você provou que a Matéria é impossível; tampouco vejo o que mais pode ser dito em sua defesa. Mas, ao mesmo tempo em que reconheço isto, eu passo a suspeitar todas as minhas outras noções. Porque certamente nenhuma parecia mais evidente do que essa; e agora parece tão falsa e absurda quanto pareceu verdadeira no passado. Mas acho que já discutimos suficientemente este ponto por ora. Gostaria de passar o resto do dia revendo em meus pensamentos os vários tópicos da conversa desta manhã, e amanhã gostaria de encontrá-lo aqui por volta do mesmo horário.

**P** - Eu não faltarei.

# O Terceiro Diálogo

P - Diga-me, Hylas, quais são os frutos da meditação de ontem? Confirmou a opinião que tinha ontem ao partir? Ou passou a ver motivos para mudar de opinião?

H - Verdadeiramente acho que todas as nossas opiniões são igualmente vãs e incertas. O que aprovamos hoje, condenamos amanhã. Mantemos uma agitação quanto ao conhecimento e passamos nossas vidas em sua busca, enquanto que não sabemos nada o tempo todo. Tampouco acredito ser possível para nós algum dia sabermos algo nesta vida. Nossas faculdades são tão estreitas e tão poucas. A natureza certamente não tinha intenção de nos fazer especular.

P - O quê! Você diz que nós não podemos saber nada, Hylas?

H - Não existe aquela única coisa no mundo através da qual podemos conhecer a real natureza, ou o que ela é em si mesma.

P - Você está me dizendo que eu não sei realmente o que o fogo ou a água são?

H - Você pode realmente saber que o fogo parece ser quente, e a água, fluida; mas isso nada mais é do que saber quais sensações são produzidas em sua mente mediante aplicação do fogo ou da água aos seus órgãos dos sentidos. Sua constituição interna, sua real e verdadeira natureza, você está realmente no escuro quanto a isso.

P - Será que não sei que esta é uma pedra verdadeira sobre a qual eu estou de pé e aquela que vejo com meus olhos ser uma árvore de verdade?

H - "Saber"? Não, é impossível para você ou para qualquer pessoa viva saber isso. Tudo o que você sabe é que você tem uma certa idéia ou aparência em sua mente. Mas o que há na verdadeira pedra ou árvore? Eu lhe digo que as cores, formas e durezas, as quais você percebe, não compõem a real natureza dessas coisas, nem se parecem com elas. O mesmo pode ser dito acerca de todas as outras coisas reais, ou substâncias materiais que compõem o mundo. Elas não têm nada de si mesmas, como aquelas qualidades perceptíveis percebidas por nós. Não devemos, portanto, pretender afirmar ou saber qualquer coisa sobre elas, como são de acordo com sua própria natureza.

P - Mas certamente, Hylas, eu posso distinguir ouro, por exemplo, de ferro: e como poderia ser isso, se não soubesse o que cada um é na realidade?

H - Acredite-me, Philonous, você só pode distinguir entre suas próprias idéias. O amarelado, o peso, e outras qualidades perceptíveis, você acha que elas estão realmente no ouro? Elas são somente relativas aos sentidos e não têm nenhuma existência absoluta na natureza. E, ao pretender distinguir as espécies de coisas reais, através das aparências em sua mente, você pode talvez agir tão sabiamente quanto aquele que concluir que dois homens são de espécies diferentes porque suas roupas não são da mesma cor.

P - Parece-me então que somos completamente enganados pelas aparências das coisas, e pelas falsas também. A própria carne que como e a roupa que visto, não têm nada em si com o que vejo e sinto.

H - Mesmo assim.

P - Mas não lhe parece estranho que o mundo todo esteja sendo iludido e que seja tão tolo em acreditar em seus próprios sentidos? E ainda assim, não sei como, pessoas comem, bebem e dormem, e realizam todas as tarefas da vida, confortável e convenientemente como se realmente conhecessem as coisas que lhes são familiares.

H - Eles fazem isso; mas você sabe que a prática comum não exige o refinamento do conhecimento especulativo. Por essa razão os comuns mantêm seus erros, e por tudo aquilo que faz com que mudanças causem alvoroços nas tarefas diárias. Mas os filósofos conhecem coisas melhores.

P - Você quer dizer que eles "conhecem" que "não conhecem nada".

H - Este é o auge e a perfeição do conhecimento humano.

P - Mas você é tudo isso enquanto está sério, Hylas; e você está seriamente persuadido que não conhece nada real no mundo? Suponha que vá escrever, não pedirá caneta, tinta e papel, como qualquer pessoa; e você não conhece o que estará pedindo?

H - Quantas vezes preciso dizer que eu não conheço a real natureza de nada no universo? Eu posso ocasionalmente fazer uso de caneta, tinta e papel. Mas dizer se qualquer um deles está em sua própria real natureza, isso eu declaro positivamente não saber. E o mesmo vale para toda e qualquer outra coisa material. E digo mais, nós somos não só ignorantes com relação à real e verdadeira natureza das coisas, como também com relação à sua existência. Não se pode negar que percebemos certas aparências ou idéias; mas não se pode concluir daí que corpos realmente existem. Não, agora que penso nisso, preciso declarar ainda mais, de acordo com minhas concessões anteriores, que é impossível qualquer coisa material "real" existir na natureza.

P - Você me fascina. Pode existir algo mais selvagem e extravagante do que o que você agora sustenta? E não está evidente que você está sendo levado a essas extravagâncias pela sua crença em "substância material"? Isso faz com que você veja essas naturezas desconhecidas em tudo. Isso é que ocasiona sua distinção entre a realidade e a aparência perceptível das coisas. É a isso que você credita ser ignorante com relação ao que todo mundo conhece perfeitamente bem. Tampouco é isso: você não é

151

só ignorante com relação à natureza verdadeira de todas as coisas; você também alega não saber se algo realmente existe, ou se existe alguma natureza verdadeira que seja; uma vez que você atribui aos seus seres materiais uma existência absoluta e externa, da qual você supõe que sua realidade consista. E, como você é forçado no final a reconhecer que tal existência significa uma direta oposição, ou nada disso, conseqüentemente você é obrigado a desistir da sua hipótese de substância material, e positivamente negar a real existência de qualquer parte do universo. E desta forma você está mergulhado no mais profundo e deplorável ceticismo jamais visto pelo homem. Diga-me, Hylas, se não é como eu digo?

**H** - Concordo com você. "Substância material" não era nada mais do que uma hipótese; e uma falsa e sem fundamento também. Não vou mais gastar meu fôlego em sua defesa. Mas qualquer hipótese que apresente, ou qualquer esquema de coisas que introduza em seu lugar, não duvido que vá parecer falso: então deixe-me questionar-lhe a respeito. Isto é, permita-me servir-lhe da mesma maneira que você e eu garanto que será conduzido através de várias perplexidades e contradições ao mesmo estado de ceticismo o qual encontro-me neste momento.

**P** - Garanto-lhe, Hylas, que não pretendo formular nenhuma hipótese. Sou da casta dos comuns, simples o suficiente para acreditar em meus sentidos e deixar as coisas como as encontrei. Para ser claro, é minha opinião que as coisas reais são as mesmas coisas que vejo, e sinto, e percebo através de meus sentidos. Estes eu conheço; e achando que eles respondem a todas as necessidades e propósitos da vida, não tenho razão para ser solícito a respeito de qualquer outro ser desconhecido. Um pedaço de pão perceptível, por exemplo, apaziguaria meu estômago dez mil vezes mais do que aquele pão imperceptível, ininteligível e real do qual você fala. É também minha opinião que as cores e outras qualidades perceptíveis estão nos objetos. Eu não posso deixar de achar que a neve é branca e o fogo, quente. Você, certamente, que por "neve" e "fogo" quer dizer alguma substância externa, não-perceptível e desapercebida, está no direito de negar que a brancura e o calor são propriedades inerentes a eles. Mas eu, que entendo por estas palavras as coisas que eu vejo e sinto, sou obrigado a pensar como os outros. E, como não sou cético com relação à natureza das coisas, tampouco o sou com relação à sua existência. Que uma coisa deva ser realmente percebida pelos meus sentidos e, ao mesmo tempo, realmente não existir, é para mim uma clara contradição, já que não posso prescindir ou abstrair, mesmo em pensamento, a existência de uma coisa perceptível de ser percebida. Madeira, pedras, fogo, água, carne, ferro, e coisas parecidas, às quais dou nome e converso sobre, são as coisas que conheço. E não as teria conhecido se não as tivesse percebido através de meus sentidos; e as coisas percebidas pelos sentidos são imediatamente percebidas; e as coisas imediatamente percebidas são idéias; e idéias não podem existir fora da mente; sua existência portanto consiste em serem percebidas. Quando, então, estão realmente percebidas não pode haver dúvida quanto à sua existência. Fora, então, com todo esse ceticismo, todas essas ridículas dúvidas filosóficas. Que zombaria é para um filósofo questionar a existência das coisas perceptíveis, até que ele a tenha provado para si a partir da veracidade de Deus; ou pretender que nosso conhecimento neste ponto está aquém da intuição ou demonstração! Eu poderia também duvidar da minha própria existência assim como da existência daquelas coisas as quais eu realmente vejo e sinto.

H - Não tão rápido, Philonous: você diz não poder conceber como coisas perceptíveis podem existir sem a mente. Você não pode?

P - Posso.

H - Supondo que você fosse aniquilado, não pode conceber ser possível que as coisas perceptíveis pelos sentidos ainda existiriam?

P - Posso. Mas então elas devem estar em outra mente. Quando eu nego às coisas perceptíveis uma existência sem a mente, não quero dizer minha mente em particular, mas todas as mentes. Agora é claro que elas têm uma existência exterior à minha mente, já que acho que são, por experiência, independentes dela. Existe, portanto, alguma outra mente onde elas existam durante os intervalos entre as ocasiões quando as percebo. Como fizeram de igual maneira antes do meu nascimento e farão depois de minha suposta aniquilação. E, como o mesmo é válido com relação a todos os outros espíritos criados e finitos, necessariamente concluímos que existe uma "Mente onipresente e eterna", que conhece e compreende todas as coisas e as exibe para nossa vista de certa maneira e de acordo com suas regras, como Ele mesmo as concebeu, e que são por nós chamadas de "leis da natureza".

**H -** Responda-me Philonous. Todas as nossas idéias são seres perfeitamente inertes? Ou será que têm alguma atividade inclusa nelas?

**P -** Elas são totalmente passivas e inertes.

**H -** E Deus não é um agente, um ser puramente ativo?

**P -** Reconheço.

**H -** Nenhuma idéia portanto pode ser igual ou representar a natureza de Deus?

**P -** Nenhuma.

**H -** Já que portanto você não tem nenhuma "idéia" da mente de Deus, como pode conceber ser possível que coisas existam em Sua mente? Ou, se você pode conceber a mente de Deus, sem ter nenhuma idéia dela, porque a mim não é permitido conceber a existência da Matéria, mesmo sem ter nenhuma idéia acerca dela?

**P -** Quanto à sua primeira pergunta: admito não ter uma "idéia" sobre Deus ou qualquer outro espírito; porque se forem ativos, não podem ser representados por coisas perfeitamente inertes, como são nossas idéias. Contudo, sei que eu existo, sendo um espírito ou substância racional, tão certamente quanto sei que minhas idéias existem. Além disso, sei o que quero dizer pelos termos eu e "eu mesmo", e sei isso imediata ou intuitivamente, embora não o perceba como percebo um triângulo, uma cor ou um som. A Mente, o Espírito, ou a Alma é aquela coisa extensiva indivisível que pensa, age, e percebe. Digo "indivisível" porque é não-extensiva; e "não-extensiva" porque coisas extensivas, figuradas e móveis são idéias, e aquilo que percebe idéias, que pensa e deseja, não é em si, claramente, uma idéia, nem parecido com uma idéia. Idéias são coisas inativas e percebidas. E Espíritos são um tipo de seres completamente diferentes delas. Eu não digo, conseqüentemente, que minha alma é uma idéia, nem parecida com uma. No entanto, tomando a palavra "idéia"

154

num sentido amplo, pode-se dizer que minha alma me fornece uma idéia que é uma imagem ou semelhança com Deus – embora realmente extremamente inadequada. Porque toda noção que tenho de Deus é obtida através de reflexão em minha própria alma, elevando seus poderes e removendo suas imperfeições. Tenho, conseqüentemente, embora não uma idéia inativa, em "mim mesmo" algum tipo de imagem racional ativa de uma Divindade. E, embora não O perceba através dos sentidos, tenho uma noção Dele ou O conheço por reflexão e raciocínio. Tenho um conhecimento imediato de minha própria mente e de minhas próprias idéias e, com a ajuda delas, apreendo indiretamente a possibilidade da existência de outros espíritos e idéias. Além disso, através de minha própria existência e da dependência que encontro em mim e minhas idéias, através da razão eu infiro necessariamente a existência de um Deus e de todas as coisas criadas na mente de Deus. Tanto mais para sua primeira pergunta. Quanto à segunda: suponho que a essa altura você já possa respondê-la por si mesmo. Porque você não percebe a Matéria objetivamente, como faz com um ser inativo ou idéia, nem a conhece, como faz consigo mesmo, por um ato reflexo, nem a apreende indiretamente por similaridade com um ou com outro; nem a deduz pelo raciocínio daquilo que você conhece de imediato. Tudo isso faz o caso da "Matéria" amplamente diferente daquele de uma "Divindade".

H - Você diz que sua própria alma lhe fornece algum tipo de idéia ou imagem de Deus. Mas, ao mesmo tempo, você reconhece que não tem, falando francamente, nenhuma "idéia" de sua própria alma. Você até mesmo afirma que espíritos são um tipo de seres totalmente diferentes de idéias. Conseqüentemente nenhuma idéia pode ser como um espírito. Não temos, portanto, nenhuma idéia acerca de qualquer espírito. Você admite, no entanto, que existe uma Substância espiritual, embora não tenha nenhuma idéia sobre ela, enquanto nega que possa existir tal coisa como Substância material, porque você não tem nenhuma noção ou idéia sobre ela. Você está sendo justo? Para ser consistente, você tem que admitir a Matéria ou rejeitar o Espírito. O que me diz disso?

P - Digo, em primeiro lugar, que eu não nego a existência de substância material simplesmente por não ter nenhuma noção sobre ela, mas sim porque a noção sobre ela é inconsistente; ou, em outras palavras, porque é incompatível que haja uma noção sobre isso. Muitas coisas, pelo que sei, podem existir sem que eu ou qualquer outra pessoa tenha ou possa ter alguma idéia ou noção que seja. Mas então essas coisas devem ser possíveis, ou seja, nada inconsistente deve ser incluído em sua definição. Em segundo lugar, digo que acreditamos que existem coisas as quais não percebemos e, ainda assim, não podemos acreditar que qualquer coisa em particular exista sem alguma razão para tal crença: mas não tenho razão para acreditar na existência da Matéria. Não tenho nenhuma intuição imediata sobre ela, nem posso inferir imediatamente através de minhas sensações, idéias, noções, ações ou paixões, uma Substância irracional, não-perceptiva e inativa – seja por dedução provável ou conseqüência necessária. Enquanto que a existência do meu Eu, ou seja, minha própria alma, mente, ou princípio racional, eu evidentemente conheço por reflexão. Perdoe-me se estou repetindo as mesmas coisas em resposta às mesmas objeções. Na própria noção ou definição de "substância material" está incluída uma oposição manifesta e uma inconsistência. Mas isto não pode ser dito a respeito da noção do Espírito. Que idéias devam existir naquilo que não se percebe, ou serem produzidas pelo que não age, é inconsistente. Mas não é uma inconsistência dizer que uma coisa perceptiva seja o assunto das idéias, ou que uma coisa ativa seja a causa delas. É sabido que nós não temos nenhuma evidência imediata e nenhum conhecimento demonstrativo da existência de outros espíritos finitos. Mas não se pode concluir que tais espíritos estejam no mesmo pé que as substâncias materiais: porque fazer suposições sobre um deles pode ser inconsistente, enquanto que supor acerca do outro não é; um deles pode ser inferido sem nenhum argumento, enquanto que o outro é somente uma probabilidade; vemos sinais e efeitos indicativos de distintos agentes finitos como nós, enquanto que não vemos nenhum sinal ou sintoma qualquer que leve a uma crença racional na Matéria. Por fim, eu digo que tenho uma noção do Espírito, embora não tenha, estritamente falando, nenhuma idéia sobre ele. Eu não o percebo como uma idéia, ou por meio de uma idéia, mas conheço-o através da reflexão.

**H -** Apesar de tudo o que disse, parece-me que, de acordo com seu próprio modo de pensar, e em conseqüência de seus próprios princípios, deveria-se concluir que "você" é somente um sistema de idéias flutuantes, sem nenhuma substância que o suporte. Palavras não devem ser usadas sem um sentido. E como não há mais sentido em "Substância espiritual" do que em "Substância material", uma deve ser rechaçada tanto quanto a outra.

P - Quantas vezes devo repetir que eu conheço ou sou consciente de minha própria existência; e que "eu mesmo" não sou minhas idéias, mas algo diferente, um princípio ativo e racional que percebe, conhece, deseja e opera sobre as idéias. Sei que eu, sendo um e a mesma pessoa, percebo tanto cores como sons; que uma cor não percebe um som e nem o som, a cor; que eu sou portanto um princípio individual, distinto de cor e som, e pela mesma razão, distinto de outras coisas perceptíveis e idéias inertes. Mas não estou, da mesma forma, ciente da existência ou essência da Matéria. Ao contrário, sei que nada inconsistente pode existir e que a existência da Matéria implica numa inconsistência. Além disso, sei o que quero dizer quando afirmo que existe uma substância espiritual ou suporte para idéias, ou seja, que um espírito conhece e percebe idéias. Mas não sei o que querem dizer quando dizem que uma substância não-perceptiva tem inerente a si, e suporta idéias ou arquétipos de idéias. Não existe, portanto, no todo, nenhuma paridade entre os casos do Espírito e da Matéria.

H - Considero-me satisfeito quanto a esse ponto. Mas você seriamente pensa que a existência real das coisas perceptíveis consiste nelas serem realmente percebidas? Se é assim, como pode toda a humanidade distinguir entre elas? Pergunte à primeira pessoa que encontrar e ele lhe dirá que "ser percebido" é uma coisa, e "existir" é outra.

P - Contento-me, Hylas, em apelar ao bom senso do mundo pela verdade de minha noção. Pergunte ao jardineiro por que ele pensa que aquelas cerejeiras existem no jardim e ele lhe dirá que é porque ele as vê e as sente; resumindo, porque ele as percebe através dos sentidos. Pergunte a ele por que ele acha que aquelas laranjeiras não estão lá e ele lhe dirá que é porque ele não as percebe. O que ele percebe através do sentidos, qualifica como real, existente, e diz que tal coisa "é ou existe"; mas aquilo que não é perceptível ele diz que não existe.

H - Sim, Philonous, concordo que a existência de uma coisa perceptível consiste em ser compreensível, mas não em ser realmente percebida.

**P** - E o que é compreensível senão uma idéia? E pode uma idéia existir sem realmente ser percebida? Estes são pontos já acordados por nós há muito tempo atrás.

**H** - Mas, sendo que sua opinião nunca foi tão verdadeira, não pode negar que ela seja chocante e contrária ao bom senso das pessoas. Pergunte a uma pessoa se aquela árvore tem uma existência fora de sua mente – qual resposta você acha que ela dará?

**P** - A mesma que eu daria, a saber, que ela existe sim fora de sua mente. Mas para um Cristão certamente não deve ser chocante dizer que a árvore real, existindo sem a sua mente, é realmente conhecida e compreendida pela (e por aquilo que "existe na") mente infinita de Deus. Provavelmente ele pode, mas não à primeira vista, estar ciente da prova direta e imediata que existe acerca disto; visto que a própria existência de uma árvore, ou de qualquer outra coisa perceptível, implica em ter uma mente onde residir. Mas ele não pode negar o ponto em si. A questão entre os Materialistas e eu não é se as coisas têm uma "real" existência fora da mente desta ou daquela pessoa e sim se elas têm uma existência "absoluta", distinta de serem percebidas por Deus, e exterior a todas as mentes. Isso realmente foi afirmado por alguns pagãos e filósofos, mas quem sustenta a noção de uma Divindade adequada às Escrituras Sagradas, vai ter uma outra opinião.

**H** - Mas, de acordo com suas noções, que diferença há entre coisas reais e quimeras formadas pela imaginação ou as visões de um sonho, já que estão todas igualmente na mente?

**P** - As idéias formadas pela imaginação são fracas e indistintas; elas têm, ao mesmo tempo, uma inteira dependência da vontade. Mas as idéias percebidas pelos sentidos, ou seja, coisas reais, são mais vívidas e claras; e, sendo impressas na mente por um espírito distinto de nós, não têm a mesma dependência da nossa vontade. Não há portanto perigo de confundirmos estas com as anteriores; e há menos perigo ainda de confundi-las com as visões de um sonho, que são turvas, irregulares e confusas. E, embora elas aparentem ser vivas e naturais, não estando conectadas e sendo peças com passagens passadas e futuras de nossas vidas, elas podem ser facilmente distinguidas da realidade. Em suma, seja qual for o método usado para distinguir "coisas de quimeras" no seu esquema, o mesmo, claro, é válido para o meu. Porque deve ser, eu presumo, através de alguma diferença percebida e eu não sou a favor de lhe privar de nenhuma coisa que você percebe.

H - Mas ainda assim, Philonous, você alega que não há nada no mundo senão espíritos e idéias. E isso, você tem que reconhecer, parece muito estranho.

P - Reconheço que a palavra "idéia", não sendo popularmente usada para "coisa", parece algo fora de contexto. Minha razão para usá-la foi porque uma relação necessária à mente é considerada implícita neste termo; e é agora usada comumente pelos filósofos para representar os objetos imediatos do entendimento. Mas, embora a proposição pareça estranha em palavras, ela inclui nada de tão estranho ou chocante em seu sentido, o qual em efeito resulta em nada mais do que isto, a saber, que existem somente coisas perceptivas e coisas percebidas; ou que todo ser irracional é, necessariamente e devido a própria natureza de sua existência, percebido por alguma mente; senão por uma mente produzida e finita, certamente pela mente infinita de Deus, no qual "vivemos, nos movemos e existimos". Será isto tão estranho quanto dizer que as qualidades perceptíveis não estão nos objetos, ou que não podemos ter certeza da existência das coisas ou conhecer qualquer coisa de sua real natureza, embora nós dois as vejamos, sintamos e percebamos através dos sentidos?

H - E, em conseqüência de tudo isso, não devemos pensar que não há tais coisas como causas físicas ou materiais, mas que um Espírito é a causa imediata de todos os fenômenos na natureza? Pode haver algo mais extravagante do que isso?

P - É realmente mais extravagante dizer que uma coisa que é inerte opera na mente, e uma coisa não-perceptiva é a causa de nossas percepções (sem respeito à consistência ou a algum axioma conhecido, "Nada pode ser dado a alguém que não se tenha em si mesmo"). Paralelamente, aquilo que para você, não sei por qual razão, parece tão extravagante, não é nada mais do que as Sagradas Escrituras afirmam em diversos lugares. Nelas Deus é representado como o único e imediato Autor de todos aqueles efeitos que alguns pagãos e filósofos querem atribuir à Natureza, à Matéria, ao Destino ou a princípios irracionais similares. Isso é tão parecido com a linguagem constante das Escrituras que não foi necessário confirmá-la através de citações.

**H -** Você não está ciente, Philonous, que ao fazer de Deus o Autor imediato de todos os movimentos na natureza, você faz Dele o Autor de assassinatos, sacrilégios, adultério e dos pecados hediondos similares.

**P -** Em resposta a isso, observe primeiro que a imputação de culpa é a mesma, caso a pessoa cometa uma ação com ou sem um instrumento. Caso você suponha portanto que Deus aja pela mediação de um instrumento ou oportunidade chamada de "Matéria", você certamente O faz autor de um pecado, assim como eu O considero o Agente imediato em todas essas operações popularmente atribuídas à Natureza. Eu ainda observo que um pecado ou torpeza moral não consiste em movimento ou atividade física externa, mas sim no desvio interno da vontade das leis da razão e da religião. Está claro, então, que matar um inimigo em uma batalha ou executar um criminoso legalmente condenado não é considerado um pecado, embora a ação externa seja a mesma que aquela em caso de assassinato. Já que, portanto, pecado não consiste em ação física, tornar Deus a causa imediata de todas essas ações não O torna o Autor do pecado. Por fim, não disse em momento algum que Deus é o único agente que produz todos os movimentos nos corpos. É verdade que neguei existirem outros agentes além de espíritos; mas isso é muito consistente com conceder aos seres racionais, na produção de movimentos, o uso de poderes limitados, em última instância realmente derivados de Deus, mas imediatamente sob a direção de suas próprias vontades, o que é suficiente para considerá-los culpados por suas ações.

**H -** Mas negar a Matéria, Philonous, ou a Substância material – este é o ponto. Você nunca conseguirá me persuadir que isso não vai contra o sentido universal da humanidade. Se nossa disputa fosse ser determinada pela quantidade de opiniões a favor, tenho certeza que você iria desistir do seu ponto sem ter conseguido votos suficientes.

**P -** Gostaria que nossas opiniões fossem declaradas e submetidas imparcialmente ao julgamento de pessoas de claro bom senso sem os preconceitos de uma educação apreendida. Deixe-me ser apresentado como aquele que confia em seus sentidos, que pensa que conhece as coisas que vê e sente, e que não tem dúvidas sobre sua existência, e você demonstre razoavelmente todas as suas dúvidas, seus paradoxos e seu ceticismo sobre você, e terei prazer em concordar com a indicação de alguém neutro. Que não há nenhuma substância na qual idéias possam existir além do espírito, isso parece evidente para mim. E que os objetos imediatamente percebidos são idéias, todos concordamos. E que qualidades perceptíveis são objetos imediatamente percebidos ninguém pode negar. Está, portanto, claro que não pode haver nenhum "substrato" de tais qualidades além do espírito, no qual existem, sem que seja através de modo ou propriedade, mas como uma coisa percebida naquilo que a percebe. Eu nego, portanto, que exista qualquer "substrato irracional" dos objetos dos sentidos e, "nessa aceitação", que exista qualquer substância material. Mas se "substância material" significar somente "corpo perceptível", aquele que é visto e sentido (e na parte não filosófica do mundo, ouso dizer, não quer dizer nada além disso), então estou mais seguro da existência da matéria do que você ou qualquer outro filósofo pretende estar. Se existe alguma coisa que faz a maioria da humanidade ser avessa às noções que sustento, é o equívoco de dizer que eu nego a realidade das coisas perceptíveis. Mas como é você que é culpado por isso, e não eu, deduz-se que na realidade sua aversão é contra as suas noções e não às minhas. Então eu afirmo que estou tão certo quanto estou com relação à minha própria existência, que existem corpos ou substâncias materiais (querendo dizer as coisas que percebo através de meus sentidos) e que, reconhecendo isso, a maior parte da humanidade não pensará sobre e nem se preocupará com o destino dessas naturezas desconhecidas, nem com sutilezas filosóficas, das quais certas pessoas tanto gostam.

**H** - O que você me diz disso? Já que, de acordo com você, as pessoas julgam a realidade das coisas através de seus sentidos, como pode uma pessoa se enganar pensando que a lua tem uma superfície plana e lúcida, de aproximadamente um pé de diâmetro? Ou uma torre quadrada ser, quando vista à distância, redonda? Ou mesmo o remo parecer, com uma das pontas dentro d'água, torto?

**P** - Ele não está enganado com relação às idéias que ele realmente percebe, mas sim na inferência que faz a partir de suas percepções atuais. Então, no caso do remo, o que ele imediatamente percebe pela visão é certamente torto, e até aí ele está certo. Mas se ele concluir que ao tirar o remo da água ele perceberá a mesma tortuosidade, ou que o remo afetará seu tato da mesma forma que as coisas tortas fazem, então nisso ele está errado. Da mesma forma, se ele concluir pelo que percebe a partir de um lugar que, caso ele avance em direção à lua ou à torre, ele ainda assim será afetado pelas mesmas idéias, ele está errado. Mas seu erro não reside naquilo que ele percebe de imediato e presentemente (sendo uma contradição manifesta supor que ele erraria quanto a isso) e sim no julgamento errôneo que faz com relação às idéias que apreende estarem conectadas com aquelas imediatamente percebidas; ou, com relação às idéias que, a partir daquilo que ele percebe presentemente, ele imagina que seriam percebidas em outras circunstâncias. O caso é o mesmo com relação ao sistema Copérnico. Nós aqui não percebemos qualquer movimento da Terra; mas seria errôneo concluir então que caso fôssemos colocados a uma distância da Terra tão grande como a distância que temos agora de outros planetas, não iríamos perceber seu movimento.

**H** - Eu entendo, e preciso reconhecer que você fala coisas bastante plausíveis. Mas dê-me licença para considerar uma coisa: diga-me, Philònous, se você não foi anteriormente tão a favor da existência da Matéria quanto agora você é contra?

**P** - Eu fui. Mas aqui está a diferença: antes, minha crença era fundamentada, sem exame, em meu preconceito; mas agora, após pesquisa, baseia-se em evidências.

**H** - Afinal de contas, parece que nossa disputa é mais sobre palavras do que coisas. Nós concordamos com a coisa mas discordamos do nome. Que nós somos afetados por idéias "de fora", está claro; e não é menos evidente que devem existir (não direi arquétipos, mas) Poderes sem a mente, correspondentes a tais idéias. E como esses Poderes não podem subsistir por si mesmos, temos necessariamente que admitir a existência de algum objeto, o qual eu chamo de "Matéria" e você chama de "Espírito". Essa é toda a diferença.

**P** - Diga-me, Hylas, esse Ser poderoso, ou objeto dos poderes, é extensivo?

**H** - Ele não tem extensão, mas tem o poder de incutir em você a idéia de extensão.

**P** - Ele é em si, conseqüentemente, não-extensivo?

**H** - Admito.

**P** - Ele não é também ativo?

**H** - Sem dúvida. De outra forma, como poderíamos atribuir poderes a ele?

**P** - Agora deixe-me colocar duas perguntas: Primeiro, se foi acordado o uso, por filósofos ou outros, do termo "Matéria" para um ser ativo e não-extensivo? E, em segundo lugar, se não é ridiculamente absurdo aplicar nomes contrários ao uso popular da língua?

**H** - Bom, então não o chame de Matéria, já que você não deseja assim. Chame de "Terceira Natureza", distinta de Matéria e Espírito. Por que qual razão existiria para você chamá-lo de Espírito? A noção de espírito não implica que é racional, bem como ativo e não-extensivo?

**P** - Meu motivo é o seguinte: porque em minha mente tenho alguma noção de significado no que digo; mas não tenho noção de nenhuma ação distinta da vontade, e nem posso conceber que vontade esteja em algum lugar que não seja em um espírito; conseqüentemente, quando falo de um ser ativo, sou obrigado a querer dizer um Espírito. Além do mais, o que pode ser mais claro do que dizer que uma coisa que não tem idéias em si mesma não pode passá-las a mim; e que, se tem idéias, certamente deve ser um Espírito. Para fazer você entender o ponto o mais claramente possível, afirmo, tão bem quanto você, que já que somos afetados de fora, devemos permitir que os Poderes estejam fora, em um Ser distinto de nós. Até aqui concordamos. Mas então diferimos quanto ao tipo desse Ser poderoso. Eu o considero Espírito; você, Matéria, ou não sei o quê (posso acrescentar também "você não sabe o quê") Terceira Natureza. Assim, eu provo que é Espírito. Pelos efeitos eu vejo produzidos, concluo que existem ações; e por causa das ações, vontade e, porque existem vontades, deve existir um "desejo". Nova-

163

mente, as coisas que percebo devem ter uma existência, elas ou seus arquétipos, fora da "minha" mente; mas, sendo idéias, nem elas nem seus arquétipos podem existir de outra forma senão em um entendimento; existe portanto um "entendimento. Mas desejo e entendimento constituem, no sentido mais estrito, uma mente ou espírito. A causa poderosa, então, para minhas idéias é, na estrita propriedade da fala, um "Espírito".

**H -** E agora deduzo que você acha que deixou seu ponto muito claro, não suspeitando que o que você colocou leva direto a uma contradição. Não é um absurdo imaginar qualquer imperfeição em Deus?

**P -** Sem dúvida.

**H -** Experimentar dor é uma imperfeição?

**P -** É

**H -** E não somos às vezes afetados por dores e desconfortos causados por algum outro Ser?

**P -** Somos.

**H -** E você não disse que Ser é um Espírito? E esse Espírito não é Deus?

**P -** Admito.

**H -** Mas você afirmou que quaisquer idéias que percebemos de fora estão na mente que nos afeta. As idéias, portanto, de dor e desconforto estão em Deus; ou, em outras palavras, Deus experimenta dor. Isso quer dizer que existe uma imperfeição na natureza Divina, a qual você reconheceu que era um absurdo. Então você se encontra em plena contradição.

**P -** Que Deus conhece ou compreende todas as coisas, e que Ele sabe, entre outras coisas, o que é a dor, mesmo toda sorte de sensações dolorosas, e o que significa para Suas criaturas sentir dor, eu não duvido. Mas, que esse Deus, embora Ele conheça e por vezes cause sensações dolorosas em nós, pode Ele mesmo sentir dor, isso eu positivamente nego. Nós, que somos limitados e dependentes dos espíritos, somos passíveis de impressões dos sentidos, dos efeitos de um Agente externo, os quais, sendo produzidos contra nossa vontade são, por vezes, dolorosos e desconfortáveis. Mas Deus, a quem nenhum ser externo pode afetar, que não percebe nada através dos sentidos como nós, cuja vontade é absoluta e independente, causando todas as coisas e que não é passível de ser contrariado ou resistido por nada, é evidente que um Ser como esse não pode sofrer nada nem ser afetado por nenhuma sensação dolorosa, ou ainda, por nenhuma sensação. Nós estamos acorrentados a um corpo: isso quer dizer que nossas percepções estão conectadas a movimentos corpóreos. Pela lei de nossa natureza, somos afetados por cada alteração nas partes nervosas de nosso corpo perceptível. Esse corpo perceptível, se considerado corretamente, nada mais é do que um complexo de tais qualidades ou idéias que não têm outra existência senão a de serem percebidas por uma mente. De forma que essa conexão de sensações com movimentos corpóreos significa somente uma correspondência na ordem da natureza entre dois grupos de idéias ou coisas imediatamente compreensíveis. Mas Deus é Espírito Puro, livre de tais simpatias ou laços naturais. Nenhum movimento corpóreo é ligado às sensações de dor ou prazer na mente Dele. Conhecer tudo o que é conhecível é certamente uma perfeição; mas suportar, sofrer ou sentir qualquer coisa pelos sentidos é uma imperfeição. A perfeição concorda com Deus, mas a imperfeição, não. Deus conhece, ou tem idéias, mas Suas idéias não são comunicadas a Ele pelos sentidos, como são as nossas. A sua falta de distinção, onde há uma diferença tão gritante, faz você ver um absurdo onde não há nenhum.

**H** - Mas, durante todo esse tempo você não considerou que a quantidade de Matéria tem sido demonstrada como sendo proporcional à gravidade dos corpos. E o que pode resistir a uma demonstração?

**P** - Deixe-me ver como você demonstra esse ponto.

**H** - Tenho como princípio que os momentos ou quantidades de movimento nos corpos são calculados a uma razão direta composta das velocidades e quantidades de Matéria contidas neles. Então, onde as velocidades são iguais, deduz-se que os momentos são diretamente tantos quanto a quantidade de Matéria em cada um. Mas sabe-se por experiência que os corpos (eliminando-se as pequenas diferenças existentes a partir da resistência do ar) caem com igual velocidade; o movimento portanto de descida dos corpos e conseqüentemente sua gravidade, que é a causa ou princípio desse movimento, é proporcional à quantidade de Matéria, o que estava para ser demonstrado.

P - Você apresenta como princípio auto-evidente que a quantidade de movimento em qualquer corpo é proporcional à velocidade e Matéria tomadas juntas; e é feito uso disso para provar uma proposição de onde a existência de "Carter" é inferida. Diga-me se isso não é argumentar em círculos?

H - Na premissa eu quero dizer somente que o movimento é proporcional à velocidade, juntamente com a extensão e dureza.

P - Mas, concedendo que isso seja verdade, ainda assim não será óbvio que a gravidade é proporcional à "Matéria", no sentido filosófico da palavra; exceto se você partir do princípio que o "substrato" desconhecido, ou o que quer que o chame, é proporcional àquelas qualidades perceptíveis, e supor isso é claramente considerar a questão como provada. Que existe a magnitude e dureza, ou resistência, percebidas pelos sentidos, isso eu prontamente admito; assim como que a gravidade deve ser proporcional às tais qualidades eu não disputarei. Mas que essas qualidades conforme percebidas por nós, ou os poderes que as produzem, existem em um "substrato material", isso eu nego e você afirma mas, apesar de sua demonstração, ainda não provou.

H - Não vou insistir mais nesse ponto. Você pensa, no entanto, que vai me persuadir que os filósofos naturais estiveram sonhando esse tempo todo? Diga-me o que acontece com todas as suas hipóteses e explicações sobre os fenômenos que supõem a existência da Matéria?

P - O que você quer dizer, Hylas, por "fenômenos"?

H - Quero dizer as manifestações que percebo através dos meus sentidos.

P - E as manifestações percebidas pelos sentidos não são as idéias?

H - Já lhe disse isso cem vezes.

P - Então, explicar os fenômenos é mostrar como somos afetados por idéias na maneira e ordem em que elas são impressas em nossos sentidos, não é isso?

H - É.

P - Agora, se você puder provar que qualquer filósofo explicou a produção de qualquer idéia em nossas mentes com a ajuda da "Matéria", eu concordarei para sempre e encararei tudo o que foi dito contra isso como sendo nada. Mas, se você não puder provar, será inútil tentar apressar a explicação dos fenômenos. Que um Ser dotado com conhecimento e vontade deva produzir ou exibir idéias, é facilmente compreendido. Mas que um Ser que é totalmente destituído dessas faculdades possa produzir idéias ou qualquer tipo que afete uma inteligência, isso eu não posso entender. Isso, embora tenhamos tido alguma concepção positiva acerca da Matéria, embora tenhamos conhecido suas qualidades e conseguido compreender sua existência, ainda assim estaria longe de explicar as coisas, que isso é em si a coisa mais inexplicável do mundo. E ainda, por tudo isso, não podemos deduzir que os filósofos não estiveram fazendo nada; porque, através da observação e raciocínio sobre a conexão de idéias, eles descobrem as leis e métodos da natureza, que é uma parte de conhecimento tanto útil quanto divertido.

H - Afinal, pode-se supor que Deus enganaria toda humanidade? Você imagina que Ele teria induzido o mundo todo a acreditar na existência da Matéria, caso não existisse tal coisa?

P - Que toda opinião epidêmica, surgida a partir do preconceito, ou paixão, ou falta de raciocínio, seja imputada a Deus como o seu Autor, acredito que isso você não vai afirmar. Qualquer opinião que fizermos Dele seu autor, deve ser porque Ele a descobriu a nós através de uma revelação sobrenatural ou porque é tão evidente para as nossas faculdades naturais, que foram talhadas e dadas a nós por Deus, que seria impossível negar nosso consentimento. Mas onde está a revelação? Ou onde está a evidência que exorta a crença na Matéria? Não; como pode ser que a Matéria, "considerada algo distinto daquilo que percebemos através dos nossos sentidos", é considerada existente por toda humanidade? Ou realmente, por todos, exceto uns poucos filósofos, que não sabem com o que estariam lidando? Sua pergunta supõe que esses pontos estão claros; e quando você os tiver clarificado, eu me acharei obrigado a lhe dar outra resposta. Nesse meio tempo, que seja suficiente lhe dizer que não suponho que Deus tenha enganado, de maneira nenhuma, a humanidade.

H - Mas a novidade, Philonous, a novidade! Aí está o perigo. Novas noções deveriam ser sempre desencorajadas. Elas desassossegam as mentes dos homens e ninguém sabe onde vão dar.

P - Por que rejeitar uma noção que não tem fundamento, seja em sentido, em razão, ou em autoridade Divina, deveria desassossegar a crença de tais opiniões que estão fundamentadas em todas e qualquer uma dessas, eu não posso imaginar. Que inovações em governos e religiões são perigosas e devem ser desencorajadas, isso eu livremente reconheço. Mas existe razão similar pela qual elas sejam desencorajadas em filosofia? Fazer conhecida qualquer coisa que era desconhecida antes é uma inovação em conhecimento; e, se todas essas inovações tivessem sido proibidas, o homem teria feito um progresso notável em artes e ciências. Mas não cabe a mim defender novidades e paradoxos. Que as qualidades que percebemos não estão nos objetos; que não devemos acreditar em nossos sentidos; que não sabemos nada acerca da real natureza das coisas, e nunca poderemos ter certeza de sua existência; que cores e sons reais não são nada senão movimentos e imagens desconhecidos; que movimentos não são em si nem suaves nem vagarosos; que existem em corpos extensões absolutas, sem qualquer magnitude ou forma particular; que uma coisa estúpida, impensada e inativa opera em um espírito; que a menor partícula de um corpo contém inúmeras partes extensivas – essas são as novidades, essas são as noções estranhas que chocam o genuíno julgamento não-corrompido de toda humanidade; e tendo uma vez admitido, embaraça a mente com dúvidas e dificuldades sem fim. E é contra essas inovações e similares que eu tento defender o Bom Senso. É verdade que ao fazer isso, eu posso talvez ser obrigado a usar algum subterfúgio e formas de expressão pouco comuns. Mas se minhas noções forem algum dia completamente entendidas, aquilo que é mais singular nelas poderá, com efeito, ser resumido a não mais do que o seguinte – que é absolutamente impossível, e uma clara contradição, supor que qualquer Ser irracional deva existir sem ser percebido por uma Mente. E, se essa noção for singular, é uma vergonha que seja assim, a essa hora do dia, e em um país Cristão.

**H** - Quanto às dificuldades que outras opiniões estão passíveis de sofrer, essas estão fora de questão. Cabe a você defender sua própria opinião. Pode algo ser mais claro do que você ser a favor de transformar todas as coisas em idéias? Você, eu digo, não tem vergonha de acusar-me de "ceticismo". Isso está tão claro, não dá para negar.

**P** - Você se engana comigo. Eu não sou a favor de transformar as coisas em idéias, mas sim as idéias em coisas, já que os tais objetos imediatos da percepção, os quais de acordo com você são somente representações das coisas, eu considero serem as coisas reais em si.

**H** - Coisas! Você pode pretender o que quiser; mas é certo que você não nos deixa nada a não ser as formas vazias das coisas, o exterior somente que afeta os sentidos.

**P** - O que você chama de formas vazias e exterior das coisas parece-me serem as próprias coisas em si. Tampouco elas são vazias ou incompletas, contrariamente à sua suposição – que a Matéria é uma parte essencial de todas as coisas materiais. Nós dois portanto concordamos nisso, que nós percebemos somente formas perceptíveis; mas aqui diferimos – você acredita que elas são manifestações vazias, e eu, seres reais. Resumindo, você não confia nos seus sentidos e eu, sim.

**H** - Você diz que acredita em seus sentidos, e parece elogiar a si mesmo por concordar nisso com os comuns. De acordo com você, portanto, a verdadeira natureza de uma coisa é descoberta pelos sentidos. Se é assim, de onde vem a discordância? Por que não é a mesma imagem, e outras qualidades perceptíveis, percebidas de todas as maneiras? E por que deveríamos usar um microscópio para melhor descobrir a verdadeira natureza de um corpo, se fosse passível de descoberta a olho nu?

169

P - Falando seriamente, Hylas, nós não vemos o mesmo objeto que sentimos; tampouco é o mesmo objeto percebido pelo microscópio aquele que foi percebido a olho nu. Mas caso cada variação fosse considerada suficiente para constituir um novo tipo de indivíduo, o número sem fim de confusões de nomes resultaria numa língua impraticável. Portanto, para evitar isso, bem como outras inconveniências que são óbvias mediante um pouco de reflexão, as pessoas combinam várias idéias apreendidas por vários sentidos ou pelo mesmo sentido em diferentes momentos, ou em diferentes circunstâncias, mas que foi observado, no entanto, haver alguma conexão na natureza, seja com respeito à coexistência ou sucessão, todas as quais referem a um nome e consideram como uma só coisa. Então conclui-se que, quando examino através de meu outro sentido uma coisa que já tinha visto, não é de forma a melhor compreender o mesmo objeto que havia percebido pela visão, o objeto de um sentido não sendo percebido pelos outros sentidos. E, quando olho através de um microscópio, não é que posso perceber de forma mais clara o que havia percebido com meus olhos nus, o objeto percebido através das lentes sendo bem diferente daquele primeiro. Mas, em ambos os casos, meu objetivo é somente saber quais idéias estão conectadas juntas; e quanto mais um homem sabe sobre a conexão de idéias, mais é dito que ele conhece a natureza das coisas. E se, portanto, nossas idéias forem variáveis? E se nossos sentidos não forem, em todas as circunstâncias, afetados pelas mesmas manifestações? Não poderemos concluir que eles não são confiáveis, ou que eles são inconsistentes ou com eles mesmos ou com qualquer outra coisa? Exceto se for com sua noção pré-concebida de (eu não sei o quê) uma só, imutável e incompreensível Natureza real, marcada por cada nome. Esse preconceito parece ter surgido da má interpretação da linguagem popular das pessoas, falando de várias idéias distintas como sendo unidas em uma só coisa pela mente. E, realmente, existe motivo para suspeitar que vários conceitos errôneos pelos filósofos se devem à mesma origem – enquanto eles começam a construir seus esquemas baseando-se não tanto em noções, mas mais em palavras, que são formadas pelos comuns meramente para conveniência e despacho nas ações comuns da vida, sem respeito pela especulação.

H - Penso ter compreendido seu sentido.

**P** - É sua opinião que as idéias que percebemos pelos nossos sentidos não são coisas reais, mas imagens ou cópias delas. Nosso conhecimento, portanto, não é mais real do que as nossas idéias são "representações" verdadeiras do que aqueles "originais". Mas, como esses supostos originais são, em si, desconhecidos, é impossível saber até que ponto nossas idéias se assemelham a eles. Ou mesmo se eles têm qualquer semelhança. Não podemos, portanto, ter certeza que temos qualquer conhecimento real. Além do mais, como nossas idéias estão em perpétua variação, sem que haja qualquer suposta alteração nas coisas reais em si, necessariamente deduz-se que as primeiras não podem ser todas cópias fiéis das últimas; ou, se umas são e outras não, é impossível distinguir qual é qual. E isso nos faz mergulhar ainda mais fundo na incerteza. De novo, quando consideramos esse ponto, não podemos conceber como qualquer idéia, ou qualquer coisa parecida com uma idéia, deva ter uma existência absoluta fora da mente; nem conseqüentemente, de acordo com você, como deva existir qualquer coisa real na natureza. O resultado de tudo isso é que somos jogados no mais irremediável e desamparado ceticismo. Agora, permita-me perguntar a você, primeiramente, sobre suas idéias referentes a certas substâncias desapercebidas absolutamente existentes, assim como seus originais: não são elas a fonte de todo esse ceticismo? Em segundo lugar, se você está ciente, seja através dos sentidos ou da razão, da existência de tais originais desconhecidos? E, caso você não esteja, não acha absurdo supor sua existência? Em terceiro lugar, caso pesquise, se consegue encontrar qualquer coisa distintamente concebida ou que signifique a "absoluta ou externa existência de substâncias não-perceptivas"? Por fim, tendo considerado as premissas, se a maneira mais sábia de seguir a natureza não é confiar em seus sentidos e, deixando de lado todo pensamento ansioso acerca de substâncias ou naturezas desconhecidas, concordar com os comuns e admitir como coisas reais aquelas percebidas pelos sentidos?

**H** - Por ora, não estou inclinado a responder. Preferiria ver como consegue superar o seguinte: diga-me se os objetos percebidos pelos "sentidos" de uma pessoa não são perceptíveis aos outros presentes, de igual maneira? Se houvessem mais cem pessoas aqui, todos eles veriam o jardim, as árvores e as flores como eu as vejo. Mas eles não são afetados da mesma maneira pelas idéias que eu formo em minha "imaginação". Isso não faz uma diferença entre o primeiro grupo de objetos e o último?

**P** - Reconheço que faz. Eu tampouco neguei a diferença entre os objetos dos sentidos e aqueles da imaginação. Mas o que você infere disso? Não pode dizer que objetos perceptíveis existem desapercebidos, porque eles são percebidos por muitos.

**H** - Admito que não posso fazer nada com essa objeção, mas me levou a outra. Não é sua opinião que através dos sentidos percebemos somente as idéias existentes em nossas mentes?

**P** - É.

**H** - Mas a "mesma" idéia que está em minha mente não pode estar na sua, ou em qualquer outra mente. Não podemos concluir, portanto, a partir dos seus princípios, que duas pessoas não podem ver a mesma coisa? E isso não é altamente absurdo?

**P** - Se o termo "mesma" for tomado no sentido popular, é certo (e de forma nenhuma contrário aos princípios que mantenho) que pessoas diferentes podem perceber a mesma coisa, ou que a mesma coisa ou idéia existe em mentes diferentes. Palavras são de imposição arbitrária; e já que as pessoas são usadas para aplicar a palavra "mesma" onde nenhuma distinção ou variedade é percebida, e eu não pretendo alterar suas percepções, deduz-se que, como as pessoas já disseram antes, "várias pessoas viram a mesma coisa"; então elas devem, mediante situações idênticas, continuar a usar a mesma frase sem nenhum desvio, seja da propriedade da linguagem ou da verdade das coisas. Mas se o termo "mesma" for usado no sentido dos filósofos, que querem dizer uma noção abstrata de identidade, então, de acordo com suas várias definições para essa noção (porque ainda não foi acordado se essa identidade filosófica existe), pode ser ou pode não ser possível para diversas pessoas perceber a mesma coisa. Mas se os filósofos acham certo "chamar" uma coisa de "mesma" ou não, é de menor importância. Suponhamos que várias pessoas juntas, todas imbuídas das mesmas faculdades e conseqüentemente afetadas de maneira igual pelos seus sentidos, e que nunca tenham conhecido o uso da linguagem; elas iriam, sem dúvida, concordar em suas percepções. Embora, talvez, quando viessem a usar a fala, alguns com relação à uniformidade do que foi percebido, chamariam-na de a "mesma" coisa; outros, especialmente com relação à diversidade das pessoas que perceberam, poderiam escolher a denominação de coisas "diferentes". Mas quem não vê que toda a disputa é sobre uma palavra? A saber, se o que é percebido por diferentes pessoas pode realmente ter o termo "mesma" aplicado a ele? Ou, imagine uma casa com suas paredes ou casca exterior permanecendo inalteradas, mas cujos quartos são derrubados e outros são construídos em seu lugar; você chamaria essa de a "mesma" casa e eu não. Não estaríamos, devido a isso tudo, concordando perfeitamente em nossas mentes com a casa, considerada por si só? E toda a diferença não consistiria em um som? Se você disser que nós diferimos em nossas noções, porque você adicionou à sua idéia da casa uma simples e abstrata idéia de identidade, enquanto que eu, não. Eu lhe diria que não sei o que você quer dizer pela "idéia abstrata de identidade" e desejaria que você revisse seus pensamentos de forma a melhor entender a si mesmo. Por que está tão quieto, Hylas? Você não está satisfeito que as pessoas possam disputar sobre identidade e diversidade sem qualquer diferença real em seus pensamentos e opiniões, abstraídos de nomes? Reflita sobre isso: que sendo a Matéria considerada existente ou não, o caso é exatamente o mesmo com relação ao ponto em questão. Porque os Materialistas em si reconhecem o que nós imediatamente percebemos através de nossos sentidos como sendo nossas próprias idéias. Sua dificuldade, portanto, a de que duas pessoas não vêem a mesma coisa, também vai contra os Materialistas e a mim.

**H** - Ah, Philonous! Mas eles supõem um arquétipo externo, ao qual referindo suas várias idéias eles podem realmente ser levados a perceber a mesma coisa.

**P** - E então (sem mencionar que você descartou tais arquétipos) você pode supor um arquétipo externo de meus princípios: "externo", quero dizer, "para sua própria mente": embora, realmente, precise ser suposto que exista naquela Mente que compreende todas as coisas; mas então isso serve a todos os propósitos de "identidade", de mesma forma que se existisse fora de uma mente. E estou certo que você mesmo não dirá que isso é menos inteligível.

**H** - Você realmente me deixou satisfeito – ou não há dificuldades no âmago dessa questão ou, se houver, que ela vai igualmente contra ambas as opiniões.

**P** - Mas aquela que é igualmente contra duas opiniões contraditórias não pode ser a prova de nenhuma delas.

**H** - Reconheço isso. Mas afinal, Philonous, quando eu considero a essência daquilo que você coloca contra o "Ceticismo", resume-se a isso: Temos certeza de que realmente vemos, ouvimos e sentimos, em suma, que somos afetados por impressões perceptíveis.

**P** - E como isso nos diz respeito mais profundamente? Eu vejo essa cereja, eu a sinto, eu a provo; e eu tenho certeza de que "nada" não pode ser visto, ou sentido ou provado; então isso é vermelho. Elimine as sensações de maciez, umidade, vermelhidão e acidez, e você elimina a cereja, já que ela não é um ser distinto das sensações. Uma cereja, eu digo, não é nada mais do que um conjunto de impressões perceptíveis, ou idéias percebidas por vários sentidos; idéias quais estão unidas em uma só coisa (ou têm um só nome dado a elas) pela mente, porque foi observado que elas estão ligadas umas às outras. Então, quando o paladar é afetado por tal gosto em particular, a vista é afetada por uma cor vermelha, o tato com uma redondeza, maciez, etc.. Portanto, quando eu vejo, sinto e provo de várias maneiras particulares tais, tenho certeza que a cereja existe ou que ela é real, sua realidade sendo em minha opinião nada abstraída de tais sensações. Mas se pela palavra "cereja" você quiser dizer uma natureza desconhecida, distinta de todas aquelas qualidades perceptíveis, e por sua "existência", algo distinto dela ser percebida, então realmente eu admito que nem eu nem você, nem ninguém outro, pode ter certeza que ela existe.

**H** - Mas o que você diria Philonous, se eu desse a mesma razão contra a existência de coisas perceptíveis "em uma mente" que você deu contra a sua existência "em um substrato material"?

**P** - Quando verificar suas razões, você verá o que tenho a dizer sobre elas.

**H** - É a mente extensiva ou não-extensiva?

**P** - Não-extensiva, sem dúvida.

**H** - Você diz que as coisas que você percebe estão na sua mente?

174

**P** - Estão.

**H** - De novo, eu não ouvi você falar em impressões perceptíveis?

**P** - Acredito que sim.

**H** - Então explique para mim, Philonous, como pode haver espaço para que todas aquelas árvores e casas existam em sua mente? Podem coisas extensivas ser contidas em coisas não-extensivas? Ou, devemos imaginar impressões deixadas em uma coisa destituída de qualquer dureza? Você não pode dizer que os objetos estão na sua mente, como livros em uma biblioteca; ou que coisas estão impressas nela, como as figuras de um selo na cera. Em que sentido, portanto, devemos entender tais expressões? Explique-me isso se puder e eu serei então capaz de responder a todas as perguntas que você me fez anteriormente sobre meu "substrato".

**P** - Escute aqui, Hylas, quando falo de objetos existentes na mente ou impressos nos sentidos, não quero ser entendido no sentido literal, como quando corpos são considerados existentes em um lugar, ou um selo deixa sua marca sobre a cera. Quero dizer somente que a mente os compreende e percebe, e que ela é afetada de fora ou por algum ser distinto de si mesmo. Essa é a minha explicação sobre a sua dificuldade; e como ela pode servir para tornar inteligível sua doutrina sobre um "substrato" material não-perceptivo, isso eu gostaria de saber.

**H** - Se isso for tudo, confesso não saber que uso posso fazer dela. Mas você não terá abusado da linguagem por isso?

**P** - De maneira nenhuma. É somente o que o uso popular, que é a regra da linguagem, autorizou; nada sendo mais usual do que para os filósofos falarem dos objetos imediatos de seu entendimento como as coisas existentes na mente. Tampouco há algo nisso que não esteja de acordo com a analogia geral da linguagem; a maior parte das operações mentais é significada através de palavras emprestadas de coisas perceptíveis; isso fica claro nos termos "compreender", refletir, "discursar", etc., os quais sendo aplicados à mente não podem ser tomados em seu sentido bruto, original.

**H** - Você, eu admito, satisfez-me nesse ponto. Mas ainda resta uma grande dificuldade, a qual não sei como vai superar. E, realmente, é de tal importância que se você conseguir resolver todas as outras sem ser capaz de encontrar a solução dessa, nunca deveria esperar que eu me tornasse um convertido aos seus princípios.

**P** - Deixe-me conhecer essa dificuldade poderosa.

**H** - O reconto das Escrituras acerca da criação é o que me parece totalmente irreconciliável com suas noções. Moisés nos conta sobre uma criação: uma criação de quê? De idéias? Não, claro, mas sim de coisas, coisas reais, substâncias sólidas materiais. Faça seus princípios concordarem com isso e eu talvez concorde com você.

**P** - Moisés menciona o sol, a lua, as estrelas, a terra, o mar, as plantas e os animais. Que essas coisas realmente existem e foram no início criadas por Deus, eu não questiono. Se por "idéias" você quer dizer ficções e fantasias da mente, então essas não são idéias. Se por "idéias" você quer dizer objetos imediatos da compreensão, ou coisas perceptíveis, as quais não podem existir desapercebidas, ou fora da mente, então essas coisas são idéias. Mas se você as chama ou não de "idéias", isso não importa muito. A diferença é somente sobre um nome. E se esse nome for mantido ou rejeitado, o sentido, a verdade e a realidade das coisas continuam as mesmas. No sentido popular, os objetos de nossos sentidos não são chamados de "idéias", mas de "coisas". Chame-os ainda assim, desde que você não atribua a eles nenhuma existência externa absoluta, e eu nunca discutirei com você por causa de uma palavra. A criação, portanto, admito que tenha sido uma criação de coisas, de coisas "vermelhas". Tampouco isso é, um pouco que seja, inconsistente com os meus princípios, como é evidente pelo que acabei de colocar, e teria ficado evidente para você sem isso se você não tivesse esquecido o que falamos tantas vezes anteriormente. Mas, quanto a substâncias materiais sólidas, eu gostaria que você me mostrasse onde Moisés faz qualquer menção a elas; e se forem mencionadas por ele, ou qualquer outro escritor inspirado, ainda assim caberia a você mostrar se tais palavras não foram tomadas no sentido comum da palavra por coisas que caem sob nossos sentidos, senão no sentido filosófico para Matéria, ou "uma sutileza desconhecida" "com uma existência absoluta". Quando você tiver provado esses pontos, então (e somente então) você pode trazer a autoridade de Moisés para nossa disputa.

H - É em vão disputar sobre um ponto tão claro. Fico satisfeito em referi-lo à sua própria consciência. Não está satisfeito que haja alguma oposição peculiar entre o relato de Moisés sobre a criação, e as suas noções?

P - Se todos os sentidos possíveis, os quais podem ser colocados no primeiro capítulo do Gênesis, podem ser concebidos tão consistentemente com meus princípios quanto qualquer outro, então não há nenhuma oposição peculiar com eles. Mas não há sentido no qual você também não conceba, se pensar como eu. Já que, além de espíritos, tudo o que você concebe são idéias, e a existência delas eu não nego, nem pretendo que elas existam sem a mente.

H - Por favor deixe-me saber de que forma você compreende isso.

P - Bom, eu imagino que se estivesse presente na criação, veria coisas sendo produzidas em seres, isso é, tornando-se perceptíveis, na ordem descrita pelo historiador sagrado. Eu já acreditava no relato de Moisés sobre a criação e ainda não alterei minha maneira de acreditar nele. Quando coisas são ditas como começando ou terminando sua existência, não queremos dizer isso com relação a Deus mas sim com relação às Suas criaturas; todos os objetos são eternamente conhecidos por Deus ou, o que quer dizer a mesma coisa, têm uma existência eterna em Sua mente. Mas quando coisas, antes imperceptíveis às criaturas, se tornam perceptíveis, pela lei de Deus, então dizemos que elas iniciaram uma existência relativa com respeito às mentes criadas. Mediante leitura do relato de Moisés sobre a criação, compreendo que as diversas partes do mundo se tornaram gradativamente perceptíveis aos espíritos finitos, imbuídos com faculdades apropriadas, de forma que quem estivesse presente os percebesse de verdade. Esse é o óbvio sentido literal sugerido a mim pelas palavras da Sagrada Escritura, nas quais não estão incluídas menções ou pensamentos sobre "substrato", ou instrumento, ou oportunidade, ou existência absoluta. E, após pesquisa, não duvido que vá ser encontrado que a maioria das pessoas simples e honestas, que acreditam na criação, nunca pensam nessas coisas nada mais do que eu. Qual sentido metafísico você pode ver nisso, só você pode dizer.

**H** - Mas Philonous, você não parece estar ciente que concede às coisas criadas, no início, somente uma vida relativa e conseqüentemente hipotética. Isso quer dizer, mediante suposição haviam "pessoas" para perceber as coisas, sem as quais não haveria realidade da existência absoluta, na qual a criação poderia terminar. Não é, então, de acordo com você, claramente impossível que a criação de qualquer criatura inanimada devesse preceder à criação do homem? E isso não é diretamente contrário ao relato de Moisés?

**P** - Em resposta a isso, digo primeiramente que os seres criados podem começar a existir na mente de outras criaturas inteligentes que não o homem. Você não conseguirá portanto provar nenhuma contradição entre Moisés e minhas noções, a não ser que você primeiro mostre que não havia nenhuma outra ordem de espíritos finitos criados em vida, antes do homem. Eu digo ainda que, caso concebamos a criação como deveríamos nesse momento, como uma quantidade de plantas e vegetais de todos os tipos, produzidos por uma Força invisível, em um deserto onde ninguém estava presente, que essa maneira de explicá-la ou concebê-la é consistente com meus princípios, já que eles não lhe destituem de nada, seja perceptível ou imaginável; que essa maneira serve exatamente às noções comuns, naturais e puras da humanidade; que essa maneira manifesta a dependência de todas as coisas em Deus, que conseqüentemente tem toda influência e efeito positivo que é possível que esse importante princípio de nossa fé tivesse ao fazer os homens humildes, agradecidos e resignados ao seu "grande" Criador. Digo, ainda, que nessa concepção desprotegida das coisas, despojada de palavras, não encontrará nenhuma noção do que você chama de "realidade da existência absoluta". Você pode até levantar poeira com esses termos e desta forma alongar nossa disputa sem nenhum motivo. Mas eu sugiro calmamente que reflita sobre seus próprios pensamentos e me diga se não formam um jargão inútil e ininteligível.

**H** - Admito não ter idéias muito claras com relação a eles. Mas o que me diz disso? Para você, a existência das coisas perceptíveis não consiste nelas estarem em uma mente? E todas as coisas não estiveram sempre na mente de Deus? Portanto, elas não existiram desde sempre, de acordo com você? E como puderam as coisas que eram eternas serem criadas em tempo? Pode haver algo mais claro e melhor relacionado do que isso?

**P** - E você também não partilha da opinião de que Deus conhecia todas as coisas desde sempre?

**H** - Partilho.

**P** - Conseqüentemente elas sempre tiveram uma existência no intelecto Divino.

**H** - Isso eu reconheço.

**P** - De acordo com sua própria admissão então nada é novo, ou começa a ser, com relação à mente de Deus. Logo concordamos nesse ponto.

**H** - O que poderemos dizer então da criação?

**P** - Não devemos entender que a criação se deu inteiramente com relação aos espíritos finitos, de forma que as coisas, com relação a nós, possam ser consideradas como tendo tido o início de sua existência, ou de sua criação, quando Deus declarou que elas deveriam se tornar perceptíveis às criaturas inteligentes, naquela ordem e da maneira que Ele então estabeleceu e que nós agora chamamos de leis da natureza? Você pode chamar essa de uma "existência relativa" ou "hipotética", se quiser. Mas enquanto ela nos fornecer o sentido mais natural, óbvio e literal da história da criação relatada por Moisés ou enquanto ela atender a todos os fins religiosos daquele importante princípio, enfim, enquanto você não puder atribuir nenhum outro sentido ou significado em seu lugar, por que devemos rejeitar essa? Será para atender a um capricho ridículo e cético de tornar tudo sem sentido e ininteligível? Tenho certeza de que não pode dizer que é para a glória de Deus. Porque concedendo que seja uma coisa possível e concebível que o mundo material deva ter uma existência absoluta exterior à mente de Deus, bem como às mentes de todos os espíritos criados, ainda assim como isso poderia demonstrar a imensidão ou onisciência da Divindade, ou a dependência necessária e imediata de todas as coisas Dele? Não lhe parece mais separá-Lo desses atributos?

**H** - Bem, mas e quanto a essa lei de Deus que tornou as coisas perceptíveis, o que me diz você, Philonous? Não lhe parece claro que ou Ele executou essa lei de toda a eternidade ou então, em um certo momento começo a desejar o que Ele não havia realmente desejado antes, mas somente planejou desejar? Na primeira hipótese, não poderia ter havido nenhuma criação, ou começo da existência das coisas finitas. Na segunda, precisaremos então aceitar algo novo sobre a Divindade, o que implicaria em um tipo de mudança, e toda mudança significa imperfeição.

**P -** Por favor considere o que está dizendo. Não é evidente que essa objeção conclui igualmente contra a criação em qualquer sentido e contra qualquer outro ato da Divindade passível de descoberta sob a luz da natureza? Não podemos considerar nenhum dos dois de outra forma que não como tendo sido realizado em tempo, e tendo um começo. Deus é um ser de perfeição ilimitada e sobrenatural – Sua natureza, portanto, é incompreensível aos espíritos finitos. Não se deve, deste modo, esperar que qualquer homem, Materialista ou Imaterialista, tenha noções exatas e justas sobre a Divindade, Seus atributos e maneiras de operar. Se então você inferir qualquer coisa contra mim, sua dificuldade não deve ser retirada da inadequação de suas concepções sobre a natureza Divina, que é inevitável de qualquer maneira, mas sim da negação da Matéria sobre a qual não há uma só palavra, direta ou indiretamente, nisso que você acabou de objetar.

**H -** Reconheço que as dificuldades que você está preocupado em esclarecer são somente aquelas que surgem da não-existência da Matéria e são peculiares àquela noção. Até aqui você está no caminho certo. Mas não consigo, de maneira nenhuma, me convencer que não há nenhuma oposição peculiar entre a criação e a sua opinião. Embora, de fato, determiná-la, eu não saiba exatamente.

**P -** E o que você teria? Eu já não admiti um estado das coisas duplo – um típico ou natural, o outro arquetípico ou eterno? O primeiro foi criado em tempo, o segundo existia desde sempre na mente de Deus. Isso não vai de encontro às noções populares do divino? Ou, será que é preciso mais do que isso de forma a conceber a criação? Mas você suspeita de alguma oposição peculiar embora não saiba onde ela reside. Para eliminar qualquer possibilidade de escrúpulos nesse caso, considere o seguinte. Ou você não consegue conceber a Criação ou nenhuma hipótese que seja e, sendo assim, não há fundamento para desgostar ou reclamar contra qualquer opinião particular a esse respeito; ou você consegue concebê-la e, sendo assim, por que não aos meus Princípios, já que segundo eles nada concebível é eliminado? Foi permitido a você, o tempo todo, usufruir de todo o alcance dos sentidos, da imaginação e da razão. Portanto, o que quer que tenha apreendido anteriormente, seja imediata ou indiretamente, através dos sentidos, ou por raciocínio pelos sentidos; o que tiver conseguido perceber, imaginar ou entender, permanece com você. Se, deste modo, a noção que você tem da criação por outros Princípios for inteligível, você ganha da minha; mas se não for inteligível, eu a considero não ser nenhuma noção e portanto não há perda nenhuma. E realmente parece-me muito claro que a suposição da Matéria, que é uma coisa perfeitamente desconhecida e inconcebível, não pode servir para nos fazer conceber qualquer coisa. E eu espero que não seja necessário provar a você que se a existência da Matéria não torna a criação concebível, então a existência da criação sem que seja inconcebível não pode ser uma objeção a sua não-existência.

**H** - Confesso, Philonous, que você quase me deixou satisfeito nesse ponto da criação.

**P** - Gostaria de saber porque você não está totalmente satisfeito. Você me fala de uma oposição entre a história de Moisés e o Imaterialismo, mas não sabe onde está. Isso é razoável, Hylas? Você espera que eu resolva uma dificuldade sem saber qual é? Mas, para superar isso, uma pessoa não acharia que você tem certeza de que não há oposição entre as noções recebidas dos Materialistas e os escritos inspirados?

**H** - E tenho.

**P** - Deveria a parte histórica da Escritura ser entendida em um sentido claro e óbvio, ou em um sentido que é metafísico e fora de propósito?

**H** - No sentido claro, sem dúvida.

**P** - Quando Moisés fala de ervas, terra, água, etc. como tendo sido criados por Deus, você não acha que as coisas perceptíveis popularmente conhecidas por essas palavras são sugeridas a todo leitor não-filosófico?

H - Não posso deixar de pensar que sim.

P - E não se nega a todas as idéias, ou coisas percebidas pelos sentidos, uma real existência de acordo com a doutrina dos Materialistas?

H - Isso eu já reconheci.

P - E criação, então, de acordo com eles, não foi a criação das coisas perceptíveis, que têm somente uma existência relativa, mas a criação de certas naturezas desconhecidas, que têm uma existência absoluta, onde a criação deveria terminar?

H - Verdade.

P - Não é então evidente que os defensores da Matéria destroem o sentido claro e óbvio de Moisés, com o qual suas noções são totalmente inconsistentes; e ao invés disso impõem a nós não sei o quê, algo igualmente ininteligível tanto para eles quanto para mim?

H - Não posso contradizê-lo.

P - Moisés nos fala de uma criação. Uma criação de quê? De sutilezas desconhecidas, de oportunidades, ou de "substratos"? Não, certamente que não; mas de coisas óbvias aos sentidos. Você precisa primeiro reconciliar isso com suas noções, se espera que eu me reconcilie com elas.

H - Vejo que você pode me atacar com minhas próprias armas.

P - E quanto à "existência absoluta"? Conheceu-se algum dia noção mais estéril do que essa? Algo tão abstrato e ininteligível que você mesmo reconheceu francamente não o conceber, menos ainda explicá-lo. Mas, admitindo que a Matéria existe e que a noção de existência absoluta é clara como água, ainda assim alguma vez isso tornou a criação mais crível? Isso não forneceu aos ateístas e infiéis de todos os tempos os mais plausíveis argumentos contra a criação? Que uma substância material que não tem uma existência absoluta sem as mentes dos espíritos seja produzida do nada, pelo simples desejo de um

Espírito, foi considerada uma coisa tão contrária a qualquer razão, tão impossível e absurda que não só o mais celebrado dentre os anciãos como também diversos modernos e filósofos Cristãos têm considerado a Matéria como sendo tão eterna quanto a Divindade. Ponha tudo isso junto e então julgue se o Materialismo dispõe as pessoas a acreditarem na criação das coisas.

H - Admito Philonous, que eu acho que não. Isso da "criação" é a última objeção que consigo imaginar, e preciso reconhecer que já foi suficientemente respondida tanto quanto o resto. Não resta nada mais a superar exceto um tipo de relutância inexplicável que eu sinto com relação às suas noções.

P - Quando uma pessoa pende, sem saber porque, para um lado da questão, você acha que isso pode não ser nada mais do que o efeito do preconceito, que nunca falha para atender noções velhas e arraigadas? E realmente a esse respeito não posso negar que a crença na Matéria tem muita vantagem sobre a opinião em contrário, dentre as pessoas educadas.

H - Confesso que parece ser como você diz.

P - Para equilibrar o peso do preconceito, portanto, coloquemos na balança a grande vantagem que surge da crença no Imaterialismo, tanto com relação à religião quanto ao aprendizado humano. A existência de um Deus, e a incorruptibilidade da alma, esses importantes princípios da religião não estão provados com a maior clareza e evidência? Quando falo da existência de um Deus, não quero dizer uma Causa das coisas geral e obscura, onde não há nenhuma concepção, mas Deus, sentido exato e apropriado da palavra. Um Ser cuja espiritualidade, onipresença, providência, onisciência, poder infinito e bondade são tão conspícuos quanto a existência de coisas perceptíveis, das quais (apesar dos falsos pretextos e dos escrúpulos afetados dos Céticos) não há mais razão para duvidar do que da nossa própria existência. Agora, com relação às ciências humanas. Em Filosofia Natural, a que dificuldades, a que obscuridades e a que contradições, a crença na Matéria levou as pessoas! Para não falar das inúmeras disputas sobre sua extensão, continuidade, homogeneidade, gravidade, divisibilidade, etc. – eles não pretendem explicar todas as coisas através de corpos operando em corpos, de acordo com as leis do movimento? E ainda, eles são capazes de compreender como um corpo deve mover o outro? Admitindo não ter havido dificuldade na reconciliação da noção de um ser inerte com uma causa, ou para conceber como uma propriedade pode passar de um corpo ao outro; ainda assim por todos os seus pensamentos forçados e suposições extravagantes, eles conseguiram alcançar a produção "mecânica" de qualquer corpo animal ou vegetal? Eles podem explicar, pelas leis do movimento, os sons, os sabores, os cheiros ou as cores; ou o curso natural das coisas? Eles já explicaram, através de princípios físicos, a aptidão e o dispositivo ao menos da parte mais insignificante do universo? Mas, deixando de lado a Matéria e causas materiais, e admitindo somente a eficiência de uma Mente totalmente perfeita, não são claros e inteligíveis todos os efeitos da natureza? Se os "fenômenos" não são nada mais do que "idéias, Deus é um "espírito", mas a "Matéria" é um ser não-perceptivo e não-inteligente. Se eles demonstrarem um poder ilimitado em sua causa, Deus é ativo e onipotente, mas a Matéria é uma massa inerte. Se sua ordem, regularidade e utilidade nunca conseguirem ser suficientemente admiradas, Deus é infinitamente sábio e providente, mas a Matéria é destituída de qualquer dispositivo e propósito. Essas certamente são vantagens importantes na "Física". Isso sem mencionar que a percepção de uma Divindade distante naturalmente predispõe as pessoas a negligenciar suas atitudes morais, sobre as quais elas poderiam ser mais cuidadosas caso pensassem Nela como imediatamente presente e atuante em suas mentes sem a interposição da Matéria ou causas secundárias irracionais. Então na "Metafísica": de que dificuldades com relação a entidade em formas abstratas, substanciais, princípios hilárquicos, naturezas plásticas, substância e propriedade, princípio da individuação, possibilidade da racionalidade da Matéria, origem das idéias, a maneira como duas substâncias independentes tão diferentes como "Espírito" e "Matéria" podem operar mutuamente uma na outra; de que dificuldades, digo eu, e suas inúmeras indagações com relação a esses e outros inúmeros pontos similares, escapamos nós ao admitirmos somente a existência de Espíritos e idéias? Mesmo a "Matemática" em si, se eliminarmos a existência absoluta das coisas extensivas, se torna mais clara e fácil; os paradoxos mais chocantes e as especulações mais intricadas nessas ciências dependem da infinita divisibilidade das extensões finitas, as quais dependem dessa suposição. Mas qual a necessidade de insistirmos nas ciências particulares? Não é essa oposição a toda e qualquer ciência, esse frenesi dos Céticos antigos e modernos, baseada no mesmo fundamento? Ou você pode produzir pelo menos um argumento contra a realidade das coisas materiais, ou em nome daquela reconhecida total ignorância de suas naturezas, que não supõe que sua realidade consista em uma existência externa absoluta? Mediante essa suposição, realmente, as objeções quanto à mudança nas cores do pescoço de um pombo, ou quanto à aparência de um remo quebrado na água, parecem ter peso. Mas essas e as objeções similares desaparecem se não sustentarmos a existência de originais externos absolutos, mas colocarmos a realidade das coisas nas idéias, passageiras realmente, e mutáveis; no entanto não mudam aleatoriamente mas de acordo com a ordem fixa da natureza. Porque nisso consiste a constância e a verdade das coisas que asseguram todas as relações da vida e distingue aquelas que são reais das "visões irregulares" da imaginação.

**H** - Concordo com tudo o que acabou de dizer e tenho que admitir que nada pode me inclinar mais a abraçar sua opinião do que as vantagens que ela tem. Sou preguiçoso por natureza, e isso seria um considerável resumo de conhecimento. Que dúvidas, que hipóteses, que labirintos de divertimento, que campos de disputa, que oceano de falso aprendizado, podem ser evitados com essa simples noção de "Imaterialismo"!

**P** - Afinal, falta algo mais a ser feito? Você se lembra de ter prometido abraçar a opinião que após exame parecesse mais em conformidade com o Bom Senso e distante do Ceticismo. Isso, você mesmo confessou, é aquilo que nega a Matéria, ou a existência "absoluta" de coisas materiais. Isso também não é tudo; a mesma noção foi provada de várias maneiras, foi vista sob diferentes aspectos, foi dado prosseguimento às suas conseqüências, e foram esclarecidas todas as objeções contra ela. Pode haver maior evidência de sua verdade? Ou será possível que tenha todas as características de uma opinião verdadeira e ainda assim, ser falsa?

**H** - Estou completamente satisfeito por ora com relação a todos os aspectos. Mas, que garantia tenho eu de que continuarei a ter a mesma completa aceitação de sua opinião e que nenhuma objeção ou dificuldade que não tenha sido pensada não irá ocorrer no futuro?

**P -** Diga-me Hylas. Você, em outros casos, quando um ponto está evidentemente provado, retém o seu consentimento por conta de objeções ou dificuldades aos quais ele pode estar sujeito? As dificuldades da doutrina de quantidades incomensuráveis, do ângulo de contato, das assíntotas das curvas, ou similares, são suficientes para fazer você resistir à demonstração matemática? Ou você vai desacreditar da Providência de Deus por que pode haver algumas coisas particulares que você não sabe como se encaixam? Se há dificuldades relativas ao "Imaterialismo", existem ao mesmo tempo provas diretas e evidentes quanto a isso. Mas quanto à existência da Matéria não há prova, e contra ela existem objeções muito mais numerosas e insuperáveis. Mas onde estão essas consideráveis dificuldades nas quais você insiste? Meu Deus! Você não sabe o que são nem onde estão; algo que talvez possa ocorrer no futuro. Se isso é motivo suficiente para reter seu consentimento pleno, você nunca deve dá-lo a nenhuma proposição, salvo qualquer exceção que tenha sido clara e solidamente demonstrada.

**H -** Você me convenceu, Philonous.

**P -** Mas, para dar-lhe argumento contra quaisquer futuras objeções, considere: aquela que sustenta fortemente duas opiniões contraditórias não pode ser prova contra nenhuma delas. Portanto, quando qualquer dificuldade ocorrer, tente encontrar uma solução para ela na hipótese dos "Materialistas". Não seja enganado pelas palavras, mas sonde seus próprios pensamentos. E caso não conceba ser mais fácil com a ajuda do "Materialismo", fica claro que não pode haver nenhuma objeção contra o "Imaterialismo". Se tivesse seguido o tempo todo essa regra, teria provavelmente se poupado muito do trabalho de objetar, visto que de todas as suas dificuldades eu te desafio a mostrar uma que seja explicável pela Matéria; ou melhor, que não seja mais ininteligível com do que sem essa suposição; e conseqüentemente faz está mais "contra" do que a favor dela. Você devia considerar, em cada particular, se essa dificuldade surge da "não-existência da Matéria". Se não surge, então você pode argumentar tanto a partir da infinita divisibilidade da extensão contra a Divina presciência, como a partir de tal dificuldade contra o "Imaterialismo". E ainda assim, quando se lembrar, acredito que vai achar que esse foi, senão sempre, quase sempre o caso. Você devia também tomar cuidado para não argumentar "petitio principii". Alguém pode dizer – As substâncias desconhecidas deveriam ser consideradas coisas reais ao invés de idéias em nossas mentes; e quem poderá dizer mas a substância externa irracional pode incorrer, como causa ou instrumento, na produção de nossas idéias? Mas esse procedimento não se baseia na suposição de que existe tal substância externa? E supor isso não é considerar a questão como provada? Mas, acima de tudo, você deveria ter cuidado para não se enganar através daquele sofisma comum chamado de "ignoratio elenchi". Você freqüentemente falava como se pensasse que eu sustentava a não-existência das Coisas Perceptíveis. Enquanto que na verdade ninguém pode estar mais seguro de sua existência do que eu. E é você quem duvida; eu deveria ter dito que você definitivamente a nega. Tudo o que é visto, sentido, ouvido, ou de qualquer maneira percebido pelos sentidos é, de acordo com os princípios que adoto, um ser real. Lembre-se que a Matéria que você defende é um Algo Desconhecido (se é que se pode chamá-lo de "algo"), que é quase destituído de todas as qualidades perceptíveis e não pode ser percebido pelos sentidos nem tampouco apreendido pela mente. Lembre-se, eu digo, que ela não é qualquer objeto que é duro ou mole, quente ou frio, azul ou branco, redondo ou quadrado, etc.. Porque todas essa coisas eu afirmo que existem. Embora realmente eu negue que tenham uma existência distinta daquela de serem percebidos; ou que eles existam fora da mente de qualquer maneira. Pense nesses pontos; deixe que sejam considerados atentamente e ainda assim mantidos sob perspectiva. Senão você não irá compreender o sentido da questão, sem o qual suas objeções estarão sempre fora do alvo e, ao invés de às minhas, poderão estar direcionadas (como mais de uma vez estiveram) contra suas próprias noções.

H - Preciso admitir, Philonous, que nada me manteve mais longe de concordar com você do que essa mesma "falta de compreensão da questão". Ao negar a Matéria, à primeira vista sou tentado a imaginar que você nega as coisas que vemos e sentimos; mas após refletir vejo que não há base para isso. O que você acha portanto de pegarmos o nome "Matéria" e aplicá-lo às "coisas perceptíveis"? Podemos fazer isso sem mudar nossos sentimentos e, acredite-me, seria uma forma de ajustá-las a algumas pessoas que devem estar mais chocadas pelas inovações em palavras do que em opinião.

**P** - Absolutamente! Pegue a palavra "Matéria" e aplique-a aos objetos dos sentidos, se quiser; desde que não atribua a eles nenhuma subsistência distinta daquela de serem percebidos. Eu nunca discutirei com você por uma expressão. "Matéria" ou "substância material" são termos introduzidos pelos filósofos e, conforme usados por eles, implicam num tipo de independência, ou numa subsistência distinta de serem percebidos por uma mente; mas nunca são usados por pessoas comuns; ou, se forem usados, seria para significar os objetos imediatos dos sentidos. Alguém poderia pensar, portanto, que enquanto os nomes de todas as coisas particulares forem mantidos com os termos "perceptível", "substância", "corpo", "coisa" e similares, a palavra "Matéria" nunca deveria fazer falta em conversas comuns. E em discursos filosóficos parece-me melhor deixá-la de fora, visto que não há, talvez, qualquer outra coisa que tenha favorecido e fortalecido mais a tendência corrompida da mente na direção do Ateísmo que o uso desse confuso termo geral.

**H** - Bem Philonous, já que concordo em desistir da noção de uma substância irracional exterior à mente, penso que não deva negar-me o privilégio de usar a palavra "Matéria" como quiser, e acrescentá-la a uma coleção de qualidades perceptíveis subsistentes somente na mente. Eu reconheço livremente que não há, num sentido exato, nenhuma outra substância que não o "Espírito". Mas estive por tanto tempo acostumado com o termo "Matéria" que não sei como me separar dele. Dizer que não há "Matéria" no mundo é ainda muito chocante para mim. Enquanto que dizer – Não há "Matéria", se pelo termo for entendido uma substância irracional existindo fora da mente; mas se por "matéria" for entendido alguma coisa perceptível, cuja existência consiste em ser percebida, então existe "Matéria" – essa distinção dá uma outra dimensão ao termo, e as pessoas terão pouca dificuldade para compreendê-lo quando ouvirem-no ser colocado dessa maneira. Porque, afinal de contas, a controvérsia sobre a "Matéria" na sua exata aceitação, reside totalmente entre você e os filósofos, cujos princípios, reconheço, não estão tão próximos do natural nem tão de acordo com o bom senso da humanidade e nem da Escritura Sagrada quanto os seus. Não há nada que desejemos ou evitemos que não faça, ou que não seja apreendido para fazer parte de nossa felicidade ou infelicidade. Mas o que tem felicidade ou tristeza, alegria ou mágoa, prazer ou dor, a ver com Existência Absoluta, ou com entidades desconhecidas "abstraídas de qualquer relação conosco"? É evidente que as coisas têm relação conosco somente como sendo agradáveis ou desagradáveis. E elas podem agradar ou desagradar somente enquanto elas são percebidas. Além disso, não nos dizem respeito; e então deixe as coisas como as encontrou. Ainda assim há algo novo nessa doutrina. É claro que agora não penso com os filósofos, nem tampouco com os comuns. Eu saberia dizer como está o caso a esse respeito; mais precisamente, o que você adicionou a ele ou o que foi alterado em minhas noções anteriores.

**P -** Eu não pretendo ser aquele que estabelece novas noções. Meus esforços tencionam somente unir, e colocar sob uma perspectiva mais clara aquela verdade que anteriormente foi partilhada pelos comuns e os filósofos, uns sendo de opinião que "aquelas coisas que eles percebem de imediato são coisas reais", e os outros, que "as coisas imediatamente percebidas são idéias que existem somente na mente". Postas juntas, tais noções constituem de fato a substância daquilo que sustento.

**H -** Venho há um bom tempo desconfiando dos meus sentidos; pensava que via coisas sob luz tênue e através de falsas lentes. Agora as lentes foram removidas e uma nova luz se faz sobre meu entendimento. Estou claramente convencido que vejo as coisas em suas formas naturais e não estou mais sofrendo por suas "naturezas desconhecidas" ou "existência absoluta". É assim, nesse estado, que me encontro agora; embora, realmente, o caminho que me trouxe aqui eu ainda não compreenda totalmente. Você começou com os mesmos princípios que os Acadêmicos, Cartesianos e as seitas similares normalmente adotam, e por um bom tempo pareceu que você estava sustentando o mesmo Ceticismo filosófico deles. Mas, no final, suas conclusões são diretamente opostas às deles.

**P -** Você vê, Hylas, a água daquela fonte, como é forçada para cima em uma coluna redonda até uma certa altura, na qual ela quebra e cai de volta na bacia de onde subiu; sua subida, bem como sua descida, procedem da mesma lei ou princípio uniforme da gravidade. Da mesma forma, os mesmos Princípios que, à primeira vista, levam ao Ceticismo, se investigados até certo ponto, trazem as pessoas de volta ao Bom Senso.

# Índice

Uma Introdução a GEORGE BERKELEY, 7

O Primeiro Diálogo, 79

O Segundo Diálogo, 127

O Terceiro Diálogo, 149

IMPRESSO NA
**sumago** gráfica editorial ltda
rua itauna, 789   vila maria
**02111-031**   são paulo   sp
telefax 11 **6955 5636**
**sumago**@terra.com.br